Mr. Jervis

Vol. 3

BM Croker

Writat

Diese Ausgabe erschien im Jahr 2024

ISBN: 9789359949482

Herausgegeben von
Writat
E-Mail: info@writat.com

Inhalt

KAPITEL XXX.
WAS DIE MENSCHEN SAGEN – BESONDERS WAS ZWEI MENSCHEN SAGEN.

Als Mark Jervis voller Eifer kam, um seinen Abendtanz von Miss Gordon einzufordern, erkannte er sofort, dass etwas nicht stimmte. Das fröhliche Lächeln – ihr größter Reiz – suchte er vergeblich auf ihrem Gesicht; Ihr Gesichtsausdruck war ernst, fast streng. Sie sah ihn tatsächlich an, als wäre er ein absoluter Fremder. *Sie wusste!*

Er warf ihrem Partner einen kurzen Blick zu und das Rätsel war sofort gelöst. Ja, er erinnerte sich an die glitzernden blauen Augen des Mannes. Wo hatte er ihn gesehen? Wo? Die herzliche Ansprache –

„Hallo, Jervis! Kam mit dir im *Victoria raus* !" zerstreute prompt seine letzte Hoffnung.

„Ja, das hast du", nickte er. „Freut mich, Sie heute Abend hier zu sehen. Ich nehme an, Sie sind wie der Rest von uns um die Welt gereist!"

„ Alles, was man hört, ist in letzter Zeit nicht viel getrabt. "

„Nein, nicht viel", eher knapp. Dann zu Honor: „Das ist unser Walzer."

Sie blickte ihn einen Moment lang in hochmütigem Schweigen an, dann antwortete sie:

"Ja; aber ich glaube nicht, dass ich tanzen werde, danke."

„Oh ja", drängte er, als der Fremde wegging. „Lass uns nur einen Tanz haben. Nach dem Tanz – die Sintflut! Ich sehe, du weißt es. Wir können das später herausbringen – aber lassen Sie uns das *nicht* verpassen."

Die junge Dame tanzte leidenschaftlich gerne, der Boden, der inspirierende Walzer, ein erstklassiger Partner erwiesen sich als zu verlockend – „ Ja", sagte sie sich, „nur noch ein letzter Walzer und dann – die Sintflut." Sie sagte kein Wort, als sie für ein paar Sekunden innehielten. Sie hielt ihr Gesicht absichtlich abgewandt und schien ein fesselndes Interesse an anderen Menschen zu empfinden. Als sie sich erneut in den Strudel stürzten, kam es ihm so vor, als tanzte sie nicht mit ihrer gewohnten Lebhaftigkeit und Unbeschwertheit. Sie war so steif und starr wie eine Porzellanpuppe – offenbar schreckte sie vor der Unterstützung durch den Arm eines Millionärs zurück – seine Umarmung war eine Verunreinigung. Endlich war der Walzer zu Ende, alle strömten hinaus und folgten selbstverständlich der Menge. Sie kamen an Mrs. Brande vorbei und verbargen (wie sie liebevoll glaubte) ein gewaltiges Gähnen hinter einem schwarzen, durchsichtigen Fächer; Sie kamen an Mrs. Langrishe vorbei und gaben mehreren interessierten

Matronen Mitteilungen über Sir Glosters Zustand heraus. Sie gingen Seite an Seite durch die Veranda, die Stufen hinunter und wurden schließlich von dem rustikalen Geländer mit Blick auf die Gärten und den Tennisplatz hinaufgeführt. Es war eine warme Mondnacht, hell wie der Tag und atemlos still. Dutzende anderer Paare schlenderten, standen oder saßen im Freien, sogar die Begleitpersonen waren herausgekommen (ein neuer und in manchen Fällen tödlicher Aufbruch), um die Süßigkeiten einer Juninacht im Himalaya zu probieren.

Vor ihren Augen erhob sich die weite Schneekette – Indiens weiße Krone; Unter ihnen lagen die Gärten – ein Dschungel aus taugetränkten Rosen, hohen Lilien und großen Heliotropsträuchern. Balsac erklärt, dass Parfüme lebendiger erinnern als Worte; Wie dem auch sei, der leiseste Duft von Heliotrop erinnerte Honor Gordon unweigerlich an diese Szene und Stunde.

„ Ich sehe also , dass alles herausgekommen ist!“ begann Jervis unerschrocken nach dem Grundsatz, dass der erste Schlag die halbe Miete ist, „und das wissen Sie.“

„Ja“ – er drehte sich langsam zu ihm um – „ und nein, danke an Sie, Mr. Jervis.“

„ Natürlich bist du furchtbar wütend auf mich. Fast“ (oh, höchst unglückliche Rede!) „ so wütend wie du auf diesen Kobold warst, als du ihr Bild zerrissen hast.“

„Ich bin nicht gerade wütend“, antwortete sie mit zitternder Würde. „Warum sollte ich wütend sein? Ich bin lediglich aufgeklärt. Ich weiß jetzt, wer wer ist. Ich wage zu behaupten, dass Sie das kleine Spiel, alle zu täuschen, äußerst unterhaltsam fanden. Du scheinst ein ziemliches Genie darin zu haben, eine Doppelrolle zu spielen.“

„Du bist furchtbar grob zu mir“, unterbrach er. „Aber ich denke, ich habe es verdient.“

„Jetzt habe ich nur noch einen Charakter, daher kann ich *Ihre* Überraschung nicht erwidern. Ich bin nur das, was Sie schon immer gesehen haben – ein Mädchen vom Land, ohne Vermögen oder Aussicht darauf, mit einer Vorliebe dafür, Geige zu spielen und um jeden Preis meine Meinung zu äußern.“

(Ja, es gab nie jemanden, der weniger auf der sicheren Seite war als diese junge Frau.)

„Sie sind angewidert, wenn Sie feststellen, dass ich kein armer Verwandter bin“, wagte er die Bemerkung.

"Ich bin. Sie erinnern sich, dass Colonel Sladen an genau dieser Stelle" – sie berührte mit ihrem Fächer das Geländer – „ vor zwei Monaten mit seinem gewohnt feinen Geschmack freundlich über den Millionär, Ihren Cousin, scherzte. Da hast du maßlos gelacht. Ja, ich erinnere mich, dass du tatsächlich am Geländer gerüttelt hast! Und" – mit zunehmendem Zorn – „ du lächelst *jetzt* . " Natürlich muss es großen Spaß machen, Menschen so erfolgreich aufzunehmen! offen lachen zu können – auch im Ärmel."

„Erlauben Sie mir, Sie an eine kleine Tatsache zu erinnern? Erinnerst du dich, dass du dich an mich gewandt hast und gesagt hast, wenn ich *reich wäre* , würdest du nie wieder mit mir sprechen? Sie haben eine Prämie für die Armut angeboten."

„Und ich wiederhole diese Rede hier", sagte sie und drehte sich noch einmal zu ihm um. „Jetzt, wo ich finde, dass du reich *bist* " – sie hielt den Atem an – „ werde ich nie wieder mit dir sprechen."

„Oh, kommen Sie, sage ich, Miss Gordon, das können Sie nicht meinen", entgegnete er. „Wenigstens wirst du mir Gehör schenken. Sei wütend – aber sei gerecht."

Sie gab keine Antwort, sondern begann, kleine Rindenstücke vom rustikalen Geländer abzustreifen, was ihre Handschuhe völlig zerstörte.

„Zugegeben, dass ich Millionär bin, das heißt nur, dass ich den Spitznamen akzeptiere; denn nicht ich, sondern mein Onkel ist reich. Er hat ein Vermögen mit dem Handel gemacht, wissen Sie – Pollitts Graupen – und ich bin sein Adoptivsohn. Er hat mich erzogen, seit ich zehn Jahre alt war, und er war furchtbar gut zu mir."

Hier machte sie eine ungeduldige Bewegung, als wollte sie sagen: Was war Mr. Pollitts Güte für sie?

Er eilte schneller weiter.

„Ich wollte etwas von der Welt sehen. Ich hatte die Nase voll von der Routine des englischen Lebens – Jagd, Bälle, Regatten, Theater; und ich bekam unter großen Schwierigkeiten die Zustimmung meines Onkels, ein Jahr in Indien zu verbringen. Ich wurde mit einem Diener, einer Ladung Ausrüstung und dem Ruf von Millionen losgeschickt , mit Waring als meinem Führer, Begleiter und Berater. Er ist nicht mit mir verwandt."

Honor sah ihn mit einem halb ironischen Lächeln an, als wollte er sagen: „Natürlich nicht! Es würde mich wundern, wenn er es *wäre* .

„Er ist Mrs. Pollitts Bruder; und sie hat ihm den Liegeplatz besorgt, so wie er war", fuhr der junge Mann beharrlich fort.

„Ich träume kaum davon, wie luxuriös es werden würde", fügte die junge Dame sarkastisch hinzu.

„Nein, das war ganz unvorhergesehen. Als ich zum ersten Mal landete, stellte ich fest, dass ich eine Berühmtheit erlangt hatte, die weit über meine Wünsche hinausging. Ich sollte ein Rothschild sein. Ich war zu Tode geplagt von Werbetreibenden und Straßenhändlern und so weiter" – mit einem verhaltenen Lachen. „Ich sah, dass ich keine Ruhe haben würde, bis ich all mein zusätzliches Gepäck und den Mann losgeworden wäre. Die Kombination hat mich als „wertvoll" gebrandmarkt. Waring war schon einmal im Land gewesen, er kannte die Sprache und die Gebräuche, also habe ich mein Konto bei der Bank auf seinen Namen umgestellt. Er wurde Zahlmeister, und wir schwiegen – das war alles. Waring sieht reich aus und hat ein Gespür dafür, Geld auszugeben und für Furore zu sorgen. Jetzt habe ich es nicht getan. Mein Geschmack ist günstig, und ich habe meinem Onkel immer gesagt, dass die Natur mich für einen armen Mann vorgesehen hat."

Miss Gordon pflückte mit großer Sorgfalt ein weiteres Stück Rinde und warf es dann mit einer Miene tiefen Abscheus weg.

„Unser Arrangement funktionierte hervorragend, solange wir nur schossen und uns bewegten; Aber als wir hierher kamen und anfingen, Leute kennenzulernen, sah ich, dass die Dinge ziemlich gemischt wurden – dass es nicht ginge , dass wir mit der Idee zu weit gingen. Ich habe mit Waring gesprochen und vorgeschlagen, die Öffentlichkeit in unser Vertrauen zu ziehen. Er betrachtete die Angelegenheit als einen Scherz und fragte, ob er sie im *Pioneer bekannt geben sollte* . Ich sagte, ich dachte, wenn er es ein oder zwei Leuten als absolutes Geheimnis erzählen würde, wäre es völlig ausreichend. Aber davon wollte er weder im Scherz noch im Ernst etwas hören. Er gab zu, dass er zu lange die erste Geige gespielt hatte, um die Rollen wechseln zu wollen. Er verlangte dringend, dass ich das, was er für „gut" hielt, in Ruhe lassen sollte, und brachte sich selbst in einen so schrecklichen Geisteszustand – er drückte die ganze Sache so – so – so nachdrücklich aus, dass ich gezwungen war, die Dinge *beim Status quo zu belassen* ."

"Verpflichtet!" wiederholte seine schöne Zuhörerin in einem kühlen, ungläubigen Ton.

„Ja, dazu gezwungen." (Er konnte ihr nicht den Grund nennen, der Warings einzige Alternative gewesen war.) „Er sagte, wir hätten nur eine kurze Zeitspanne, um ihn wie einen schrecklichen Idioten dastehen zu lassen, dass er die Zügel in die Hand genommen hätte, um mir zu gefallen , und jetzt muss ich still sitzen, um *ihm zu gehorchen* . Tatsächlich – um Ihnen ein Geheimnis zu verraten – würde er in schrecklichen finanziellen Schwierigkeiten stecken. Er wollte nur *Zeit* . Wenn seine Gläubiger glaubten, er sei ein armer Mann, würden sie wie ein Schwarm Drachen auf ihn losgehen. Zwei oder drei Monate würden ihm Klarheit verschaffen. Also gab ich nach. Aber ich habe eine Bedingung gemacht; Ich sagte, ich muss einer Person die Wahrheit sagen."

„Und diese hochgeehrte Person ?" fragte sie mit hochgezogenen Brauen.

„War du selbst."

„Oh, Monsieur, *c'en est trop* !" Und sie machte ihn zu einer tiefen Neigung.

„Verspotten Sie mich bitte nicht", rief er mit leiser, scharfer Stimme. „Als ich gerade etwas sagen wollte, wurde ich vom Panther unterbrochen. Danach hat mir dieses unerträgliche Kind die Worte aus dem Mund genommen, und du hast sie verachtet. Zum ersten Mal in ihrem Leben hat sie dir die Wahrheit gesagt, die ganze Wahrheit – ich liebe dich."

Bei diesen vier Silben war kein Zittern oder Zögern zu hören, aber bei der Hand, die einen bestimmten weißen Federfächer hielt und auf dem Geländer ruhte, war ein beträchtliches Zittern zu spüren. Der Fächer, der eine solch unsichere Behandlung nicht gewohnt war, glitt schnell davon und fiel wie ein toter weißer Vogel in ein Lilienbeet darunter. Niemand suchte danach; Sekunden und Sensationen waren unbezahlbar.

„Ich liebe dich, mehr als mein eigenes Leben; aber ich hatte Angst zu sprechen, du hattest so wenig Geld."

Wie konnte er das Nicken, die Winks und das geschwungene Lächeln einiger vielbeschäftigter alter Damen in der Nähe von Hoyle erraten, die als Ergebnis einer Reise nach Indien mehr als nur angedeutet hatten, dass es eine baldige Hochzeit und einen reichen Ehemann geben würde? Wie konnte er von leuchtenden Augen und scharlachroten Wangen wissen und von einer leidenschaftlichen Ablehnung, wenn nicht Indiens, so doch zumindest eines hübschen zukünftigen Partners und Geldes?

„Ich hätte es dir heute Abend sagen sollen, bei meiner Ehre habe ich es getan; Aber mit meinem üblichen grausamen Pech kam dieser kleine Bettler vor mir herein. Und du bist entschieden gegen mich, und das aus irgendeinem Grund, das gestehe ich; aber du darfst nicht sagen, dass du nie wieder mit mir sprechen wirst. Kommen Sie, Miss Gordon, geben Sie mir noch eine Chance." Während sie hartnäckig stumm blieb, fuhr er mit ruhiger Entschlossenheit fort: „Sie werden mir eine Antwort geben, bis ich Ihren Fächer geholt habe?"

Honors Zorn hatte sich wie üblich abgekühlt. Sie begann nun, die Dinge aus seiner Sicht zu sehen, und ihre Empörung übertrug sich sofort auf Kapitän Waring. Mr. Jervis war das Werkzeug und die Pfote dieses skrupellosen, freizügigen Herrn gewesen. Ja, sie verstand jetzt die stockenden Anspielungen des Erstgenannten auf Jagd und Polo, seine halbausgesprochenen Sätze und wie er plötzlich innehielt, stammelte und sich offenbar gern an seine eigenen Worte erinnert hätte. Ein- oder zweimal hatte sie einen augenblicklich unterdrückten Blick auf eine leicht gebieterische Art erhascht, den Ton und die Miene einer Person, die es gewohnt war, gehorcht zu werden. Sie erinnerte sich auch an seine lockere Vertrautheit mit Geld und an seine – wie sie es bisher betrachtet hatte – wahnsinnige Großzügigkeit.

Unterdessen rannte Mark hinunter und hob den weißen Fächer aus seinem Lilienbeet auf, schüttelte die Tautropfen von seinen zarten Federn, und als er ihn seinem Besitzer zurückgab, blickte er ihr direkt in die Augen.

„Ehre", sagte er mit leiser, eifriger Stimme, „Sie werden die Vergangenheit Vergangenheit sein lassen und mir vergeben, nicht wahr?"

Honor zögerte, ihre Lippen zitterten, als wüsste sie nicht, ob sie lachen oder weinen sollte.

„Ich hoffe, du magst mich ein wenig", flehte er besorgt.

Die Lippen verzogen sich zu einem schwachen, aber unverkennbaren Lächeln.

„Du bist das einzige Mädchen, das mir jemals am Herzen lag. Ich schwöre, dass dies die *Wahrheit ist* und nicht die übliche Aktienaussage. Ich hatte eine Ahnung, dass du in der Nacht, als wir die Eisenbahnlinie entlang gingen, mein Schicksal warst. Dieser Eurasier in der Hütte hatte ein prophetisches Auge!"

„Da bin ich mir nicht so sicher!" sagte sie mit plötzlicher Heftigkeit. „Du wusstest sehr gut, dass du dich schon vor *langer Zeit* hättest äußern sollen ."

„Ich hätte schon vor Wochen mit Ihnen gesprochen, wenn ich nicht gewusst hätte, welche Antwort Sie mir geben würden."

"Oh!" mit einer Geste unbeschreiblichen Entsetzens zurückschrecken. „Was meinst du, was ich gemeint habe? Ich meine, dass du uns vielleicht alle hättest wissen lassen, wer du bist."

„Besser spät als nie, hoffe ich", erwiderte er schnell. „Mein Onkel weiß alles über dich. Darf ich heute Abend mit Ihrer Tante sprechen?"

„Was möchtest du ihr sagen?" sie geriet ins Stocken.

„Dass ich ihr Neffe sein werde", antwortete er mit äußerster Gelassenheit.

„Nein – nein – nein", brach in ein halb hysterisches Lachen aus, „Sie müssen mir Zeit geben – ich möchte darüber nachdenken."

„Ehre", näherte sich ihr und nahm entschlossen ihre zitternde Hand in seine, „können Sie *jetzt nicht darüber nachdenken* ?" Willst du mich heiraten?"

Obwohl ihre Finger in seinem Griff zitterten, hielt sie sich nervös aufrecht, während sie schweigend auf die vom Mond überfluteten Berge blickte und den Blick auf den fernen Horizont gerichtet hatte, mit dem Blick einer Person, die in Meditation versunken war. Sie drängte innerhalb von Sekunden viele Gedanken zusammen. Unter ihnen dies –

„Die behandschuhte Hand, in der ihre Hand gefangen war, wie stark und standhaft – eine mutige Hand, die sie ein Leben lang führt, unterstützt und verteidigt."

Schließlich machte sie mit zitternder, nervöser Plötzlichkeit diese völlig irrelevante und unerwartete Bemerkung:

„Ich frage mich, was die Leute sagen werden, wenn sie hören, was für ein schrecklicher Betrüger Sie waren! Natürlich weiß ich, was sie über *mich sagen werden* – dass ich die ganze Zeit die Wahrheit erraten habe – und meine Karten wunderbar ausgespielt habe! Oh, ich kann sie sagen hören!"

Und sie zog hastig ihre Finger zurück und sah ihn mit einer Mischung aus Trotz und Bestürzung an.

„Sie denken mehr an das, was die Leute sagen werden, als an mich, Honor!" rief er vorwurfsvoll.

„Nein, nein!" Sie war sofort von Reue erfüllt, und ihre Röte beim Sprechen war sogar im Mondlicht sichtbar. „Ich halte mehr von dir als von irgendjemandem anderen, Mark." Dann, als hätte sie Angst vor ihrem eigenen Geständnis, beeilte sie sich hinzuzufügen: „ Alle gehen hinein, und hier kommt mein nächster Partner, um nach mir zu suchen."

„Lass ihn schauen!" war die prinzipienlose Antwort. „Sollen wir runtergehen und uns auf den Sitz auf dem Tennisplatz neben dem großen Eisenkrautbaum setzen?"

„Aber ich bin mit Major Lawrence verlobt", wandte sie ein, obwohl sie wusste, dass Widerstand zwecklos war.

"Kein Zweifel; aber Sie sind mit *mir verlobt* – Sie und ich sollen Partner fürs Leben sein. Ah, ha!" mit einem triumphalen Lachen. „Dort wurde er von Mrs. Troutbeck aufgelauert – er wird ihr nicht in einer Stunde entkommen. Sie kehren alle zurück", warf er einen Blick auf viele andere Paare, die sich zum Club hingezogen fühlten; „Wir werden den Ort für uns allein haben. Kommen Sie mit", und sie führten sie die Stufen hinunter, vorbei an schimmernden Blumenbeeten und schwach süßen Blumen zu einer kürzlich frei gewordenen rustikalen Bank. „Ich wage zu behaupten, dass Sie sich oft gefragt haben, was mich an Shirani gehalten hat?" er begann. „Ich kam zunächst in der Hoffnung, meinen Vater kennenzulernen. Er ist seit dreißig Jahren hier draußen, er war in der indischen Kavallerie und hat sich in diesem Land niedergelassen, das er liebt. Mein Onkel ist mein Adoptivvater, und seit meiner Kindheit habe ich meinen echten Vater nur sehr selten gesehen; Er lebt in geheimnisvoller Zurückgezogenheit in diesen Hügeln, etwa fünfzig Meilen entfernt, und ist zum zweiten Mal Witwer. Ich habe Woche für Woche gewartet und gehofft, dass er nach mir schicken würde – das war mein Hauptmotiv, in Shirani zu bleiben. Das ist nicht mehr so – wie Sie sehr gut wissen –, tatsächlich haben Sie ihn in letzter Zeit aus meinem Kopf vertrieben!"

„Wenn er *mein* Vater wäre, würde ich ihn besuchen, ohne auf eine Einladung zu warten", sagte Honor entschlossen.

„Ich habe ihm mehrmals geschrieben, dass ich ihn gerne sehen würde, und gefragt, wann ich anfangen könnte – ein klarer Hinweis, gewiss?"

„Du bist zu pünktlich. Warum warten, bis man gefragt wird? Da ist der Walzer zu Ende; Was für eine kurze Zeit es war. Jetzt muss ich wirklich rein."

„Was für eine Sache ist es, ein Gewissen zu haben! Ein ausgeprägtes Pflichtgefühl gegenüber den Partnern!" rief er lachend aus. „Allerdings bin ich selbst einer von ihnen und werde dich problemlos davonkommen lassen."

„Nein, danke", antwortete sie mit kompromissloser Rechtschaffenheit. „Bitte, was ist mit Ihren eigenen Partnern? Und Sie sind auch einer der Gastgeber!"

„Ich sehe, dass ich jetzt immer auf dich schauen werde, um mich an meine Pflicht zu erinnern", sagte er und erhob sich mit äußerstem Widerwillen. „Und noch nie war ich so geneigt, mich davor zu drücken, als jetzt."

„Ich bin mir sicher, dass ich genug zu tun haben werde, um mich an meine eigenen Unzulänglichkeiten zu erinnern; aber auf jeden Fall kann ich es schaffen, Sie heute Abend an Ihren zu erinnern. „Morgen haben *wir* ", mit einem glücklichen kleinen Seufzer, „Morgen", und auch sie stand auf, um zu gehen.

„Ja, bitte Gott, tausende von morgen. Aber, Herrgott, dieser eine Moment, den Sie so gern hinter sich lassen und hinter sich lassen möchten, kann niemals wiederholt oder ausgelöscht werden; diese Stunde, als du dich mir hier hingegeben hast, in diesem überwucherten Indianergarten, unter dem Kreuz des Südens. Wenn wir die alten Darby und Joan sind und im kalten Arbeitsalltag Englands an unserem Kamin sitzen, werden wir – jedenfalls *ich* Ich werde auf diese Stunde als heilig zurückblicken", und er legte seinen Arm um sie und küsste sie.

Die Nachricht, dass Jervis der Simon Pure war, der echte, wahre und einzige Millionär, ging von Ohr zu Ohr und verbreitete sich bald wie ein Lauffeuer im Club. Mrs. Brande hörte auf zu gähnen, fächelte sich fieberhaft Luft zu und weigerte sich bissig, „ein einziges Wort davon" zu glauben. Ausnahmsweise saß Mrs. Langrishe stumm und betrübt da. Im Rahmen ihrer recht umfangreichen Erfahrung waren noch unwahrscheinlichere Dinge geschehen. Colonel Sladen stotterte sein ganzes Vokabular an Ausrufen und Schimpfwörtern hervor, und Lalla Paskes Augenbrauen waren unter ihrem Pony fast nicht mehr zu sehen! Natürlich war es das einzige Thema; Die Luft vibrierte noch immer von den Nachrichten, als während einer Pause zwischen zwei Tänzen Mr. Jervis und Miss Gordon den Ballsaal betraten. Ihr Auftritt erzeugte eine ziemlich dramatische Wirkung. Wie wohlerzogen sein Auftreten, wie fein sein Profil und die Haltung seines Kopfes; Mit welcher Anmut saßen seine Kleider auf ihm – Kleidungsstücke, die unbestreitbar von einem erstklassigen Londoner Schneider angefertigt worden waren. Diese kleinen Details fielen nun Menschen auf, die ihn bisher kaum beachtet hatten. Was Miss Gordon betrifft, sie war immer schön und charmant. Das Paar war ein ungewöhnlich wirkungsvolles Paar, und sie sahen so strahlend aus, dass ihr zukünftiges Glück offensichtlich feststand. Ja, wenn man darüber nachdenkt, sind sie *schon immer* gute Freunde gewesen.

„Und waren es wirklich dreißigtausend im Jahr? War es in Seife oder Schweinefleisch? Auf jeden Fall war es eine großartige Partie für ein mittelloses Mädchen!" flüsterte eine verheiratete Dame ihrem Partner zu.

„ Natürlich war die alte Frau die ganze Zeit im Geheimnis", bemerkte Frau Langrishe zu einer Nachbarin ; „Sie ist viel schlauer, als jeder von uns angenommen hat. Oh, was für ein tiefes Spiel sie gespielt hat! *Was für* eine alte Schlange!"

KAPITEL XXXI.
DIE VORSCHRIFT.

Im taghellen Mondlicht fuhr Mr. Jervis neben Miss Gordons Rikscha nach Hause. Ihr verräterischer Fächer steckte aus der Tasche seines Mantels.

Ja, ihre kleine Welt war nicht blind; es war offensichtlich eine geklärte Sache. Die meisten Leute waren froh. Die Brandes waren sicher, dass sie die Hochzeit „stilvoll" gestalten würden; und eine Hochzeit wäre eine angenehme Abwechslung zu Tänzen und Picknicks.

„Ich werde morgen früh heraufkommen", sagte er, während er widerstrebend ihre Hand losließ, „morgen vor zwölf."

Mr. Brande, der seine Flucht vorzeitig vollzogen hatte , war nach Hause zurückgekehrt und lag einige Stunden im Bett und schlief.

Er wurde plötzlich erregt, als seine Frau an seinem Bett stand, ihr Umhang hing von ihren Schultern, ihre Frisur war ein wenig verwirrt, eine Lampe in ihrer Hand beleuchtete ein ungewöhnlich aufgeregtes Gesicht.

"Also *was* ist es?" fragte er mit verzeihlicher Verärgerung.

„Oh, P.! was denken Sie? Ein Mann ist aus Simla gekommen —"

„Ja", plötzlich saß er aufrecht da, sein offizieller Geist war sofort auf eine dringende und wichtige Meldung vorbereitet.

„Er kam mit ihnen im selben Schiff heraus", keuchte sie.

War Sarabella, seine Frau, plötzlich verrückt geworden?

„Er sagt, dass Mark und nicht Waring der reiche Mann ist."

„Er hat es wohl nach dem Abendessen gesagt", knurrte Mr. Brande. "Er war *betrunken* !"

„Nicht ein bisschen davon! Ich habe Mark selbst angegriffen und er hat gestanden. Ich war sehr wütend darüber, dass ich hereingelegt wurde. Er erklärt, dass sie es zunächst getan hätten, ohne etwas Böses im Sinn zu haben, und dass er, als es zu weit ging , nicht wusste, was er tun sollte. Es tut ihm sehr leid."

„Dass er Millionär ist! Oh ja, das sollte ich denken!"

„Er kommt morgen als Erstes vorbei, um Ihnen alles darüber zu erzählen; und, sofern ich mich nicht irre, mit Ihnen über Ehre zu sprechen."

"Was ist mit ihr?" scharf.

„Warum, du lieber, dummer Mann, schläfst du noch? Kannst du es nicht erraten?“

„Du hast mir gesagt, dass es nichts dergleichen gab; tatsächlich“, mit einem wütenden Lachen, „war der ‚Junge‘, wie Sie ihn nannten, *Ihnen verzweifelt ergeben* .“

"Was für Zeug!" sie stieß empört aus. „Er wird dreißigtausend pro Jahr haben! Ich weiß, dass ich heute Nacht niemals ein Auge schließen werde!“

„Und ich bin gutmütig entschlossen, Sie im Auge zu behalten. Ich denke, Sie hätten diesen doppelläufigen Vierzigpfünder vielleicht für den Morgen reserviert.“

„Und das ist der ganze Dank, den ich bekomme“, grummelte sie, während sie langsam in ihre Umkleidekabine ging.

Ungefähr zu dieser Zeit rauchte Mark Jervis in seinem kahlen Wohnzimmer eine Zigarette. Vor ihm auf dem Tisch lagen ein weißer Federfächer und ein Programm . Er ging viel zu gern ins Bett, er wollte sich aufsetzen und nachdenken. Seine Gedanken waren die üblichen hellen Gedanken, die sich aus dem jungen Traum der Liebe ergeben, und als er zusah, wie sich der Rauch langsam aufrollte, war die Luft voller Burgen. Diese wunderschönen Gebäude wurden etwas unsanft zerstört, als sein Überbringer eintrat – in ein Resai gehüllt und äußerst schläfrig aussehend – mit einem Brief in der Hand.

„Ein Pahari hat das vor drei Stunden für den Sahib gebracht“, überreichte er einen bemerkenswert schmutzigen, misshandelten Umschlag.

Natürlich kam es endlich von seinem Vater. Er riss es auf und das war, was darauf stand:

" MEIN LIEBER SOHN ,

"Ich bin sehr krank. Wenn du mich lebend sehen möchtest, komm. Der Bote wird Sie führen. Ich lebe vierzig Meilen entfernt. Verlieren Sie keine Zeit.

„Dein liebevoller Vater,
„ H. JERVIS .“

Der Brief war achtundvierzig Stunden alt.

„Ist der Bote hier?“ fragte er eifrig.

„Ja, Sahib.“

„Dann rufen Sie das graue Pony-Syce an; Sag ihm, er soll ein Gramm und ein Jule nehmen und das Pony satteln. Ich gehe ins Innere. Ich muss in zwanzig Minuten anfangen.“

Der Träger blinzelte ungläubig.

„Ich brauche dich nicht mitzunehmen." Das Gesicht des Trägers verzog sich zu einem Grinsen intensiver Erleichterung. „Ich werde mehrere Tage weg sein. Hol meine Reitausrüstung raus, stopfe ein paar Klamotten in eine Tasche und bitte den Koch, etwas Brot, Fleisch und andere Dinge hineinzulegen, und sag dem Kuli, dass ich in Kürze fertig sein werde."

Dann setzte er sich, zog seine Schreibmappe zu sich und begann, eine Notiz an Honor zu schreiben. Ihr erster Liebesbrief – und seltsam, aber wahr, auch *seiner*. Es waren nur ein paar Zeilen, die besagten, dass er ganz plötzlich von seinem Vater weggerufen worden war und hoffte, dass er innerhalb einer Woche zurück sein würde.

Für das Mädchen war es sowohl eine große Enttäuschung als auch eine große Freude, als die Ayah ihr um neun Uhr den Brief überbrachte. Sie hat es immer und immer wieder gelesen, aber sie erlaubt unseren profanen Augen nicht, es zu sehen, und es kann auch nicht gestohlen werden, denn sie trägt es tagsüber mit sich herum, und nachts ruht es unter ihrem Kissen: am Ende des Jahres Woche wurde es etwas ausgefranst.

Als die Ayah Miss Sahib die Nachricht überreichte, war der Schriftsteller bereits zwanzig Meilen von Shirani entfernt und folgte einem breitschultrigen Gurwali, dessen Kopf und Schultern in die stets braune Decke gehüllt waren.

Ihr Weg führte über Reitwege in den Bergen und in östlicher Richtung; Die Landschaft war exquisit, aber ihre Schönheit ging für Jervis völlig verloren, der sich andere Szenen vor seinem geistigen Auge ausmalte. Die Straße kroch an den steilen Wänden kahler Abgründe entlang, tauchte plötzlich in bewaldete Schluchten ein oder verlief durch ein flaches Tal mit bebauten Feldern und locker gebauten Steinmauern. Je weiter sie kamen, desto schöner wurde das Land, desto wilder die Umgebung. Um zwölf Uhr machten sie Halt, um das graue Pony auszuruhen – die muskulösen braunen Beine des Boten schienen in der Lage zu sein, seinen langen, schwingenden Trab den ganzen Tag durchzuhalten. Es war vier Uhr nachmittags, als sie das Ziel ihrer Reise erreichten; Sie stiegen abrupt in ein flaches, bewaldetes Tal hinab, das auf drei Seiten von Hügeln umgeben war und auf der vierten Seite in die Ebene abfiel. Ein Pfad von der Reitstraße führte sie in einen dichten Dschungel aus hohem Gras voller Rinder, Packponys und Maultiere. Als sie daraus hervorkamen, gelangten sie zu einer Mauer, an der sie sich etwa dreihundert Meter entlang hielten, und als sie um eine scharfe Ecke bogen, standen sie vor einem großen, quadratischen gelben Haus, zwei Stockwerke hoch.

Es schien, als wäre es körperlich aus England transplantiert worden. Es war nichts Unregelmäßiges oder Malerisches daran – die Fenster waren in Reihen angeordnet, das Dach war quadratisch und hatte eine Brüstung, die einzige Neuerung war eine lange Veranda, die rund um das Gebäude verlief und offenbar neueren Datums war, ein bloßer Nachbau. Gedanke.

Als Mark die Stufen hinaufritt, sah er sich nach dem Kuli um; er war plötzlich verschwunden. Es war niemand zu sehen. Als er auf die Veranda ging, war sie verlassen, bis auf ein paar Vögel, die sich wunderbar zu Hause zu fühlen schienen. Es war eher die Veranda eines Eingeborenenhauses als der Eingang zum Haus eines Engländers.

Der Neuankömmling schaute sich erwartungsvoll um und sah drei Charpoys, ein Bündel schmutziger Bettwäsche, ein Paar Schuhe, eine Huka und einen Turban.

Die Tür, die weder Farbe noch Glocken trug, war angelehnt. Er stieß sie auf und befand sich in einem großen, dunklen, sehr schmutzigen Flur. Hier stand er einer alten Ziege und zwei Kindern gegenüber; Links sah er ein Zimmer, das wie eine bloße Wiederholung der Veranda aussah.

Während er zögerte und sich umsah, erschien plötzlich ein Mann, vermutlich ein Diener, der einen riesigen roten Turban und einen bequemen blauen Stoffmantel trug. Er war kräftig und wohlhabend, hatte ein dickes Gesicht, einen schwarzen Vierkantbart und bemerkenswert dicke Lippen.

Als er den Fremden erblickte, wirkte er ziemlich beunruhigt, richtete sich aber auf und sprach mit überwältigender Würde die Worte „ Durwaza , Bund". Hinzufügen auf Englisch –

„Die Sahib sehen nie jemanden."

„Er wird mich sehen", sagte Mark entschlossen.

„Sahib ist krank, Sar , ich sehe niemanden, das sind meine Befehle. Sahib hat viele Jahre lang keine Sahibs gesehen."

„Nun, er hat nach mir geschickt, und ich bin gekommen. Lass mich ihn sofort sehen. Ich bin sein Sohn."

Der Gesichtsausdruck des Mohammedaners änderte sich augenblicklich von überheblicher Herablassung zu uneingeschränkter Verwunderung.

„Der Sohn des Sahib!" wiederholte er ungläubig.

"Ja. Das habe ich dir schon einmal gesagt. Sehen Sie gut aus und schicken Sie jemanden, der sich um mein Pony kümmert. Ich habe eine weite Strecke zurückgelegt."

Der Träger ging weg und blieb etwa fünf Minuten abwesend. Während dieser Zeit hatte Mark Zeit, den Schmutz und den vernachlässigten, fast ruinösen Zustand des Hauses – das ursprünglich ein schönes Herrenhaus gewesen war – zu betrachten und dem lauten Geplapper und Flüstern zu lauschen Er öffnete den Raum neben sich und beobachtete mehrere Paar einheimischer Augen, die eifrig durch einen Spalt in der Tür spähten.

„Komm mit", sagte der Träger mit mürrischer Miene. „Der Sahib wird dich bald sehen."

„Ist er besser?"

„Ja, es geht ihm ganz gut; Bitte setzen Sie sich hier hin", und er öffnete die Tür eines riesigen Esszimmers, das mit geschnitzten schwarzen Holzmöbeln aus Bombay und einem staubigen indischen Teppich ausgestattet war. Es handelte sich um einen Raum, der offensichtlich nie benutzt und nur selten geöffnet wurde. Die drei großen, langen Fenster, die vor Schmutz verkrustet und dunkel waren, blickten auf den Schnee. Dies war offensichtlich die Rückseite des Hauses; Die Vorderseite bot einen Blick auf die Ebene. Der Standort war bewundernswert ausgewählt worden.

Ein schwarzes Tablett mit kaltem Fleisch und etwas sehr saurem, schlechtem Brot wurde hereingetragen und durch die gemeinsamen Anstrengungen des mürrischen Zuhörers und eines Khitmaghars mit einem Gipsabdruck und einer äußerst schlanken Gestalt ein Platz auf dem staubigen Tisch frei gemacht Mark hatte es jemals gesehen. Allerdings war er viel zu hungrig, um wählerisch zu sein, und verschlang die Erfrischungen mit großem Appetit. In der Zwischenzeit standen die beiden Männer, wie es ihre Gewohnheit war, schweigend mit verschränkten Armen da und starrten mit konzentrierter Aufmerksamkeit und unablässigem Blick bis zum Ende des Essens.

Es war schon ganz dunkel, als der Träger wieder erschien, die Tür aufstieß und in zutiefst verärgertem Ton verkündete:

„Der Sahib wird den Sahib sehen."

Mark folgte dem dicken, stämmigen, aggressiv dreinblickenden Rücken, bis er zu einem mit Vorhängen versehenen Torbogen gelangte und in einen hohen, dunklen Raum geführt wurde, so dunkel, dass er kaum die Gestalt erkennen konnte, die sich zu seiner Begrüßung erhob – ein großer, gebeugter Mann herein ein Morgenmantel.

„Mark, mein Junge, es war wie du, so früh zu kommen", sagte eine zitternde Stimme. „Wie du als Kind warst", und er streckte eifrig beide Hände aus.

„Ich habe Ihren Brief heute Morgen erst um vier Uhr bekommen, Sir", sagte sein Sohn. "Ich hoffe du bist besser?"

„Ich bin für die Gegenwart. Ich habe in aller Eile einen privaten Boten nach dir geschickt, weil ich glaubte, nur noch wenige Stunden zu leben, und mich verzweifelt danach sehnte, dich zu sehen."

„Ich habe schon seit zwei Monaten darauf gehofft, dass Sie nach mir schicken würden. Ich habe, wie Sie wissen, in Shirani gewartet."

"Ja ja ja! Manchmal war die Versuchung fast unwiderstehlich, aber ich kämpfte dagegen; Denn warum sollte ich dein junges Leben trüben? Allerdings hatte ich keine Wahl; Die Situation wurde mir – und Ihnen – aufgezwungen. Mein treuer Begleiter Osman ist vor zehn Tagen gestorben, aber darüber reden wir ein anderes Mal. Diese Stimmen in meinem Kopf unterbrechen mich; besonders die Stimme dieser Frau", mit einer gereizten Geste.

Sein Sohn konnte sich beim besten Willen keine unmittelbare oder angemessene Bemerkung vorstellen und saß in verlegenem Schweigen da, und dann fuhr Major Jervis fort:

„Du bist jetzt sechsundzwanzig – ein erwachsener Mann, Mark, und sprich wie ein Mann! Ich habe dein Gesicht noch nicht richtig gesehen. Ich frage mich, ob es das gleiche Gesicht ist wie das meines ehrlichen Jungen?"

Wenn es ihm gefiel, würde die Antwort prompt kommen, denn der magere Khitmaghar taumelte jetzt unter dem Gewicht einer großen, übelriechenden „Argand"-Lampe (ein Muster, das außer in entlegenen Teilen Indiens überall ausgestorben ist) herein.

Mark sah gespannt zu seinem Vater hinüber. Sein Kopf war in seine Hände gebeugt. Dann hob er es und blickte seinen Sohn mit einem Ausdruck unverkennbarer Besorgnis an. Sein Sohn hatte das Gefühl, einem völlig Fremden gegenüberzustehen; Er hätte diesen grauhaarigen, leichenhaften alten Mann nie als den gutaussehenden, treuen Sabreur erkannt, von dem er sich vor sechzehn Jahren getrennt hatte. Er sah aus wie siebzig Jahre alt. Seine Gesichtszüge waren schärfer, als ob er von ständigem Schmerz betroffen wäre, seine Farbe war aschfahl, seine Hände abgemagert, seine Augen eingefallen; Er trug einen Morgenmantel aus Kamelhaar und ein Paar schäbige Hausschuhe.

„Du bist genau das, was ich erwartet habe", rief er nach einer langen Pause. „Du hast die Augen deiner Mutter; aber du bist ein Jervis. Natürlich siehst du eine große Veränderung in mir?"

„Na ja, eher", stimmte sein Sohn widerstrebend zu. „Indien lässt die Menschen altern."

„Du denkst bestimmt, dass das ein seltsames Leben ist, das ich führe; Meilen von meinen Landsleuten entfernt, lebendig begraben und längst vergessen?"

„Nein, nicht vergessen, Sir. Erinnern Sie sich an Pelham Brande vom öffentlichen Dienst? Er hat erst neulich nach dir gefragt."

„Ich glaube, ich erinnere mich an ihn – einen klugen Kerl mit einer sehr hübschen Frau, von dem die Leute sagten, er sei ein Diener gewesen. (Wie lange bleiben solche Dinge den Menschen im Gedächtnis.) Ich bin seit Jahren nicht mehr auf der Welt."

„Aber du wirst darauf zurückkommen. Komm mit mir zurück nach England. Was hält Sie in diesem Land?"

„Was, in der Tat!" mit einem schallenden Lachen. „Nein, mein lieber Junge, ich werde den Pela-Bungalow, wie sie ihn nennen, niemals verlassen, bis ich mit den Füßen voran herausgetragen werde ."

"Warum sagst du das? Sie sind ein vergleichsweise junger Mann – nicht älter als fünfundfünfzig."

„Ich fühle mich tausend Jahre alt; und ich wünschte oft, ich wäre tot."

„Das wundert mich nicht! Dasselbe würde ich auch sagen, wenn ich sieben Jahre allein hier gelebt hätte. Wie schlägt man die Zeit tot?"

„Ich töte die Zeit nicht tot. Die Zeit bringt mich um. Manchmal gehe ich im Garten spazieren, aber meistens sitze ich da und denke nach. „Du musst müde sein, mein Junge", als ob ihm ein plötzlicher Gedanke gekommen wäre.

„Nun, das bin ich, das muss ich gestehen. Ich war heute Morgen bis vier Uhr auf einem Ball."

„Ein Ball bis vier Uhr heute Morgen!" er wiederholte. „Wie seltsam es klingt. Es scheint das Echo einer Stimme zu sein, die vor zwanzig Jahren gesprochen hat!"

Das Abendessen wurde an einem kleinen Tisch serviert; ein Geflügel für Mark, etwas Patentessen für Major Jervis. Die Küche war grauenhaft, die Bedienung nachlässig, die Termine großartig, aber schmutzig. Es war in allen Abteilungen das Gleiche – eine außergewöhnliche Mischung aus Elend und Pracht. Dem empörten jungen Mann kam es so vor, als ob diese Raufbolde von Dienern dachten, alles sei gut genug für seinen Vater.

Als Major Jervis' Huka hereingebracht wurde, schaute er zu seinem Sohn hinüber und sagte:

„Du rauchst natürlich?"

"Ja dank; aber nicht so etwas. Ich wüsste nicht, wie ich damit umgehen soll."

Als er sich das letzte Mal zwischen vier Wänden eine Zigarette angezündet hatte, ahnte er kaum, wie seine nächste Umgebung aussehen würde. Das Zimmer war nicht ungemütlich, die Möbel waren massiv geschnitzt und luxuriös, der Teppich reich persisch; es gab Bücherregale voller Bände und an den Wänden hingen schöne Bilder; Aber das Papier löste sich in Streifen, und Spinnweben hingen wie Seile aus den Ecken. Die Bücher waren voller Schimmel , die Teppiche und Vorhänge waren zentimetertief im Staub; Gewiss war um den Stuhl von Major Jervis herum eine Art Oase entstanden, aber überall, wohin das Auge blickte, waren Zeichen von Vernachlässigung, Armut und Verfall zu sehen. Die Hausschuhe seines Vaters waren löchrig, seine Wäsche ausgefranst; offenbar war er ein armer Mann. Was war aus dem Vermögen der Begum geworden?

KAPITEL XXXII.
„DAS PELA KOTHI" ODER „GELBE HAUS".

Als Mark Jervis am nächsten Morgen in einem völlig fremden Raum aufwachte, fragte er sich, ob er träumte, während er die schweren alten geschnitzten Möbel, die verblassten Fenstervorhänge, die seltsamen Andachtsbilder und das kleine schwarze Kruzifix und den Weihwasserbehälter betrachtete am Fußende des Bettes. (Die Familie Cardozo war natürlich katholisch gewesen.) Nein, er träumte nicht, sondern tatsächlich endlich unter dem Dach seines Vaters.

Sobald er sich angezogen hatte, ging er vor dem Frühstück hinaus, um nach dem Wohlergehen seines Pferdes und seines Ponys zu sehen. Der Hof ähnelte dem eines Serai, er war so voll von Eingeborenen, die ihn fragend ansahen, als er zwischen Schafen, Ziegen, Büffelkälbern und Kindern hindurch zu den Ställen ging, den verfallenen Überresten dessen, was einst gewesen war war ein imposanter Haufen. Ein altes, haariges Bhoetia -Pony und sein eigenes waren jetzt die einzigen Bewohner. Sein Syce kam eifrig auf ihn zu, mit einem Gesicht voller kläglicher Bestürzung.

„Kein Gramm für Pony, Sahib" – er hebt dramatisch die Hände. „Ich gebe hier nie ein Gramm – nichts."

„Ich werde das sehen – geh und kaufe welche" – und gab ihm Rupien.

„Oh, Sahib" – jetzt legt er seine Hände in eine Gebetshaltung. „ Hier gibt es jede Menge Budmashes . Sahib, lass uns heute schnell nach Shirani reisen."

„In ein paar Tagen, Dum Sing – noch nicht; Pass in der Zwischenzeit auf dich und das Pony auf." Und er ging weiter in den Garten.

Die Gärten waren zwar etwas vernachlässigt, aber im Vergleich zum Haus in vollkommener Ordnung; sie waren auf steinigen Terrassen angelegt, deren Wände mit Früchten beladen waren; Es gab Blumen und Gemüse in Hülle und Fülle, einen runden Fischteich, mehrere Statuen, Sommerhäuser und eine große Schar von Mallees, die mit überraschendem Eifer arbeiteten. Ein breiter Terrassenweg bot, sobald man an einem Ende ankam, den Schnee und am anderen Ende ein großartiges Panorama der Ebenen. In der Mitte dieses Weges war ein ausgetretener Weg angelegt, was darauf hindeutete, dass es sich um einen beliebten Spazierweg handelte, und am Ende, das der Ebene am nächsten lag, gab es einen Sitzplatz.

Hier gesellte sich zu Mark sein Vater. Er trug einen eingelaufenen Puttoo-Anzug und sah zerbrechlich und schwach aus, aber trotz all seiner Schäbigkeit war er ein wahrer Gentleman!

„Das ist mein Gang und mein Sitzplatz", erklärte er. „Ich sitze hier stundenlang. Diese weiße Linie weit unten ist die Karrenstraße, und mit einem guten Glas kann man Karren und Tongas erkennen ; und weit weg in der Ebene kann man bei klarem Wetter zweimal am Tag den Rauch des Zuges sehen. So bekomme ich doch *ein paar Einblicke in die Welt.* "

„Und wie geht es Ihnen mit den Nachbarn , Sir?"

„Mein Nächster ist ein amerikanischer Missionar und Arzt; er ist zwölf Meilen von hier entfernt; und fünfzehn Meilen jenseits dieses Hügels gibt es eine deutsche Mission" – er zeigt mit einem Stock.

„Und dein Beitrag? Was ist mit deinen Briefen?"

„Oh, ich möchte keinen Beitrag; Etwa alle sechs Monate schicke ich einen Kuli nach Ramghur ."

„Dann nehmen Sie doch keine Tageszeitung?"

"Ach nein; warum sollte ich? „Es gibt Stapel alter Exemplare im ganzen Haus", lautete die verblüffende Antwort.

„Und Bücher?"

„Ich bin ein Mann mit einem Buch. Ich habe die Liste der indischen Armee gelesen; Das ist für mich völlig ausreichend Literatur. Allein die Namen einiger Kerle ergeben einen ganzen Roman."

„Du fühlst dich heute besser, hoffe ich?"

„Ja, mir geht es ungewöhnlich gut. Du bist nicht verheiratet, oder?" fragte er unvermittelt.

„Nein, noch nicht" – eher erschrocken über den plötzlichen Themenwechsel. „Aber ich hoffe, bald zu heiraten."

"Hoffe hoffe; das sagen wir alle. Lass es nicht darüber hinausgehen. Hope erzählte eine schmeichelhafte Geschichte. Ich glaube nicht an Hoffnung."

"Warum nicht?" fragte sein Begleiter ziemlich besorgt.

„Sie sehen diese Terrasse", rief er, als hätte er es nicht gehört; „Ich gehe genau hundertmal am Tag dort auf und ab; Ich nehme hundert Bohnen in die Tasche und lege jedes Mal, wenn ich dazu komme, eine davon auf die Bank. Ich finde es höchst interessant; Nur manchmal stehlen Vögel meine Bohnen, und das macht mich fertig, und ich verliere den Überblick, und ich muss die ganze Hundertzahl von vorne beginnen, und ich werde so müde. Aber ich muss es tun, sonst wären sie wütend.“

„Wer wäre wütend, Sir?“

„Ich vergesse es in diesem Moment – die Bohnen oder die Vögel.“

„Sie scheinen hier wunderbar schöne Obstbäume zu haben“, sagte Mark nach einem ausdrucksstarken langen Schweigen.

„Ja, die Mallees arbeiten gut, die Schurken, denn ich gebe ihnen alles Gemüse und alle Blumen und Früchte sowie ihren Lohn. Sie machen eine gute Sache daraus; die Pfirsiche, Birnen und Pflaumen aus dem Gelben Haus werden gefeiert.“

Mark erinnerte sich nun, dass er im fernen Shirani von ihrem Ruhm gehört hatte.

„Lasst uns hier sitzen und reden“, fuhr Major Jervis fort. „Ausnahmsweise werde ich auf meinen Spaziergang verzichten; Es kommt nicht jeden Tag vor, dass mein Sohn mir zuhört. Die jüngsten Ereignisse scheinen verschwommen und verschwommen zu sein, aber ich erinnere mich deutlich an die Jahre zurück. Mark, mein Junge, soll ich dir etwas über mich erzählen und wie ich mein Leben verbracht habe? Möchten Sie es wissen?“

„Das würde ich natürlich tun.“

„Dann hör mir zu. Du weißt, ich bin der jüngere Sohn einer guten alten Familie – Jervis von Jervis. Mein Vater, Ihr Großvater, war General Vincent Jervis, und – *das* kann ich ihm nicht sagen “ (von sich selbst abgesehen). „Meine Familie hat mir ein hübsches Profil, ein aristokratisches Gesicht und noch etwas anderes hinterlassen (aber *das kann ich ihm nicht sagen*). Ich habe aus Liebe geheiratet und kann das Experiment nur empfehlen. Deine Mutter und ich kamen äußerst glücklich voran, obwohl ich schon immer einen extravaganten Geschmack hatte – geerbt, wie meine Nase und deine. Als sie starb, verlor ich tatsächlich meine bessere Hälfte – mein Kopfstück, meinen besten Berater, mein Alles. Ich verfiel wieder in mein altes verschwenderisches Junggesellenverhalten und verschuldete mich; aber ich habe stundengenau für dich bezahlt. Dann traf ich auf Miss Cardozo. Sie war nicht sehr jung, aber gutaussehend, angenehm und reich – sie verliebte sich in mich. Ich war ein gutaussehender, schneidiger und unbekümmerter Major in einem erstklassigen einheimischen Kavallerieregiment. Sie gehörte aufgrund ihrer Rasse und ihres Geschmacks zu diesem Land. Sie hatte eine Menge Begum an sich; Sie hasste die Vorstellung, einen Stiefsohn zu haben, und widerwillig habe ich deinem Onkel erlaubt, dich zu adoptieren. Ich wusste, dass du reich und gut versorgt sein würdest; Aber selbst dann kämpfte ich gegen die Überzeugungen deines Onkels. Ich muss diese Tage geahnt haben, in denen ich trostlos und allein sein würde. Ich war mit Mércèdes recht zufrieden ; Wir führten ein fröhliches, umherziehendes, extravagantes Leben. Wir hatten viele Freunde, viele Geister, viel Geld. Mércèdes hatte keine Verwandten, außer einer, Gott sei Dank; ein fettig aussehender Cousin in Kalkutta. Herr, vergib mir, aber ich hasse ihn! Meine Frau hatte ein freundliches, warmes Herz, aber sie war leidenschaftlich, aufgeregt – und eifersüchtig. Sie ließ ihren Gefühlen zu viel Freiheit; Sie schlug einer anderen Frau auf einem öffentlichen Ball ins Gesicht, sie zog ihren Dienern Pantoffeln aus , sie machte riesige Rechnungen und sie konnte nie die Wahrheit sagen. Eigentlich zog sie es vor, zu lügen, auch wenn sie damit nichts zu gewinnen hatte. Können Sie sich so etwas vorstellen? Allerdings haben wir alle unsere Fehler; und sie war eine gute Seele, obwohl sie nicht wie deine Mutter war. Man sagt, ein Mann bevorzugt seine erste Frau, eine Frau ihren zweiten Ehemann – was ist deine Meinung, nicht wahr, Mark?“

„Ich bin nicht in der Lage, eines anzubieten“, antwortete er lächelnd.

„Oh, ich habe es vergessen – natürlich nicht. Nun, genau in diesem Monat vor acht Jahren reisten wir von Mussouri zu unserem Haus im Doon; wir waren in der Posttonga , unsere Ponys waren halb kaputt; Obwohl wir einen guten Fahrer hatten – den besten auf der Straße –, konnte er sie kaum halten, während sie mit der schweren Stahlstange rasselnd, klirrend, klirrend nach unten rollten. Nur eine Meile weiter stürzte eine Ziege auf der Klippe plötzlich auf die Straße, die Bestien scheuchten wild hinüber, die starken Holzgeländer verfingen sich an der Seite der Tonga , sie zogen sich an – ich höre sie jetzt – schnappten, krachten, dann herrschte für einen Moment der Wahnsinn Kampf zwischen Fahrer und Ponys – zu spät, wir sind vorbei! Ich wage zu behaupten, dass sie den Ort immer noch zeigen – einen Abgrund von 60 Metern Höhe. Die Ponys wurden getötet, ebenso der Fahrer und meine Frau. Es war ein Wunder, wie ich entkommen konnte. Mein Bein war gebrochen, mein Kopf verletzt, aber ich habe überlebt. Osman, mein Ordonnanz, der seit zwanzig Jahren im alten Regiment war, pflegte mich in Mussouri ; und sobald ich bewegt werden konnte, kam ich hierher. Ich erinnerte mich an einen zurückgezogenen, ruhigen Ort mit einem bezaubernden Garten. Ich wollte Ruhe; Mein Kopf war verletzt und ich dachte, ich würde mich hier zusammenreißen und dann nach Hause gehen – aber hier bin ich immer noch.“

„Ja, aber nicht mehr lange“, fügte sein Sohn fröhlich hinzu; „Du wirst mit mir nach Hause kommen.“

„ Das Testament von Mércèdes wurde vorgelegt“, fuhr er fort und ignorierte die Frage ruhig; „Sie hatte es anscheinend geschafft, als sie mit mir nicht zufrieden war. Dieser Ort und dreihundert Hektar gehören mir und eintausend Rupien im Monat auf Lebenszeit; auch ihre Juwelen und Goldornamente – sie nützten mir genauso viel wie ein Haufen Steine. Fernandez erhält auch jetzt noch ein gutes Einkommen. Ihr gesamter Reichtum häuft sich bis zu meinem Tod an, und dann geht alles – Juwelen, Mieten, Anteile – an ihn. Er ist mein Erbe. Ich kann dir keinen Cent hinterlassen; nichts als das alte Gelbe Haus."

„Ich will das Cardozo-Geld nicht, Sir."

"NEIN; und du wirst reichlich haben. Inzwischen Fuzzil Houssan gibt mein Einkommen für seine Verwandten in der dritten und vierten Generation aus, lacht und wird fett."

„Sicherlich überlassen Sie nicht alles seinen Händen?" fragte sein Zuhörer ungläubig.

„Ja, das meiste davon. Nur dafür würde er mich vermutlich vergiften. Ich glaube, dass er von Fernandez bezahlt wird – Fernandez, den ich von Tausenden pro Jahr fernhalte. Gelegentlich kommt er persönlich, um zu sehen, ob die Möglichkeit besteht, dass ich sterbe? Ich habe ihm mehr als einmal große Hoffnungen gemacht. Jetzt, da Osman tot ist, werden er und Fuzzil mich mit Sicherheit aus der Welt bringen – und zwar schnell."

„Wer war Osman?"

„Er war ein Sowar in meinem Regiment – ein Sikh – wir kannten uns schon ein halbes Leben lang und er war für mich mehr als ein Bruder. Wir sind im selben Monat beigetreten und am selben Tag abgereist. Er hat Heimat, Land und Leute aufgegeben, ist meinem Schicksal gefolgt und ist letzte Woche in meinen Armen gestorben." Hier wurde die Stimme von Major Jervis fast unhörbar.

„Wir hatten gemeinsam Hitze und Schnee, Feuer und Wasser getrotzt, und an den langen Abenden hier, während ich meine Pfeife rauchte, redete er stundenlang mit mir vom alten Regiment; Solche Gespräche sind besser als jedes Buch. Wenn Osman gelebt hätte, hätte ich dich nie gerufen – nein, niemals; Er blieb bei mir, bis der Tod ihn ergriff, und du musst hier bleiben, bis der Tod *mich ergriff*.

„ *Ich* werde dich mitnehmen", sagte sein Sohn entschlossen. „Alles, was Sie mir erzählt haben, zeigt mir, dass dieses Land nicht der richtige Ort für Sie ist. Je früher Sie wieder in England sind, desto besser. Du wirst mit mir nach Hause kommen, nicht wahr?"

„Ich möchte England nicht sehen", antwortete er verdrießlich. „Indien ist mein Land, es ist mir ins Blut gegangen. Ich habe meine hellen Tage hier draußen verbracht und hier werde ich meine dunklen Tage verbringen. Meine Tage sind zwar dunkel, aber sie werden bald vorbei sein, und umso besser. Und jetzt ist es elf Uhr", sagte er und erhob sich steif. „Lass uns zum Frühstück gehen."

Nach dem Frühstück verschwand Major Jervis sofort und ließ seinen Gast allein umherwandern; sich über die außergewöhnliche *Ménage zu wundern* , über die Scharen einheimischer Kinder, die ein- und ausgehen, das Geflügel, die Ziegen – die durch die Halle stapften, als ob sie Stiefel trugen –, den überwältigenden Geruch von Huka , die großen, trostlosen Räume, in denen sich Fäulnis türmte Möbel, Sattlerwaren und Teppiche. Unter anderen Wracks bemerkte er einen alten Dandy und einen Damensattel – zweifellos Eigentum des toten Mércèdes .

Er schlenderte durch das Tal, zum Erstaunen der Bergbewohner, die ihn mit offenem Mund anstarrten. Wie, fragte er sich, sollte er die langen, leeren Stunden bis zum Sonnenuntergang überstehen? Denn der Überbringer hatte ihm herablassend versichert, dass „der Sahib bis dahin schlafen würde." Er hatte eine heftige Abneigung gegen den dickwangigen Fuzzil empfunden , der sich kaum die Mühe machte, einem Befehl Folge zu leisten, und der stets mehrere Male gerufen werden musste, bevor er sich herabließ, zu erscheinen. Ein höflicher Pahari , berührt von den verlassenen und ziellosen Wanderungen des jungen Sahib, meldete sich freiwillig, um ihn zum Quartier zu führen. „Ein Kanton hier?" wiederholte er ungläubig und nahm das Angebot bereitwillig an. Ein zügiger Spaziergang über schmale Pfade und Ziegenpfade führte sie zum Gipfel eines Hügels in südlicher Richtung mit Blick auf eine verlassene Station. Marks Führer erklärte ihm wortreich, dass er vor dreißig Jahren voller Gorrah -Log (Soldaten) gewesen sei Ebenen. Da waren die Kasernen, die Bungalows und Gärten mit Bäumen, die auch jetzt noch Äpfel trugen! Aber die Cholera kam ein Jahr später und tötete ein halbes Pultoon (Regiment), und der Rest verschwand und kam nie wieder zurück, außer ein- oder zweimal, wie die Leute sagten, für „eine Tamashah ".

„Eine Tamashah – was meinst du?" fragte Jervis scharf. Hat dieser stämmige Bergmann es gewagt, ihn zu ärgern?

„Sahibs und Mem Sahibs – Essen, Trinken und Musik und Nautschen. Im Übrigen", mit einem Achselzucken, „wurde der Ort Bhoots und Unholden überlassen ."

Eine breite, mit Gras bewachsene Karrenstraße führte in das verlassene Quartier, und Mark folgte ihr bis zum Exerzierplatz. Da war die Messe noch bewohnbar, die Kirche ohne Dach, umgeben von einem gut gefüllten Gottesacker, der in perfekter Ordnung gehalten wurde. Hier bot sich in der Tat ein höchst überraschender Anblick: ein Friedhof in der Wildnis, nicht überwuchert oder erstickt von Unkraut und Büschen, sondern jeder Stein und jede Platte frei von Moos, jedes Grab mit ehrfürchtiger Sorgfalt gepflegt. Er ging in die alte, widerhallende Messe und fand sie dank der Balken und Türen aus Deodar-Holz in ausgezeichnetem Zustand, wie der Pahari stolz betonte. Es standen mindestens zwanzig Bungalows, halb vergraben zwischen Bäumen und Dschungel; mit Schlingpflanzen, die über ihren Fenstern verfilzt waren; in manchen waren die Veranden verfallen, in manchen waren die Dächer eingestürzt, bei anderen schienen sie der Zeit zu trotzen. Der Standort war wunderschön gewählt, eingebettet in den Schoß der Hügel, mit einem Blick auf die ferne Ebene; Außer dem Plätschern eines Baches war kein Laut zu hören, auch kein Lebewesen war zu sehen, außer ein paar Bergvieh und unter einem Baum ein paar Geier, die die Knochen eines toten Ponys pflückten. Das verurteilte Quartier war trotz seiner Schönheit ein melancholischer Ort. Hinter Haval Ghat und in Richtung der Ebene lagen Felder mit goldenem Mais und Dörfer, die in Baumgruppen Schutz suchten, malerische Bananen, die ihre anmutigen Blätter über Hütten wedelten, die mit ihren bequemen Plattendächern an englische Cottages erinnerten.

Der Kuli erklärte nun, er wolle seiner Ehre noch einen weiteren Anblick bieten und ihn auf einem anderen Weg nach Hause führen.

Nach einer halben Stunde Aufstieg gelangten sie zu einer großen Straße mit Häusern auf Hügeln mit geschnitzten Fassaden und flachen Dächern. Zum Entsetzen des Fremden schien es ausschließlich von Leprakranken bevölkert zu sein – alte, mittlere und junge Leprakranke – und es gab auch Leprakinder. Sie schwärmten aus und umzingelten die Sahib, wobei sie jede Form ihrer abscheulichen Krankheit zur Schau stellten, während sie um Hilfe riefen . Jervis leerte alles, was sich in Form von Geld darin befand, aus seinen Taschen, verteilte hastig Almosen, was im schlimmsten Fall der Fall war, und eilte dann davon. Er schämte sich zutiefst für sein Gefühl schaudernder Abscheu. Angenommen, er wäre selbst ein Aussätziger gewesen – und es gab bekanntermaßen solche Engländer, die Aussätzige waren. Dennoch wandte er sich kopfüber von diesem schrecklichen Dorf des Lebens im Tod ab und stieg hastig wieder den Hügel in Richtung Pela Kothi hinauf.

Das trostlose Quartier und die Leprakolonie deprimierten ihn unbeschreiblich, obwohl die Landschaft unübertroffen war, die Luft so belebend wie ein Stärkungsmittel und die Düfte und Geräusche des Waldes genug, um die trägeste Fantasie anzuregen; Dennoch hatte Mark Jervis das Gefühl, eine Last auf seinem Rücken zu tragen, als wäre er in den letzten zwei Tagen zehn Jahre älter geworden. Es waren nicht nur die Szenen des Nachmittags, die seine Stimmung belasteten. Da war sein Vater – sein Geist war zweifellos erschüttert – er musste versuchen , ihn wegzuholen, ihn nach Hause zu bringen; ja, um jeden Preis.

„Was für eine seltsame Art er redete. Manchmal so gut und vernünftig; manchmal in so unverständlichem Jargon. Was meinte er, als er sagte: „Osman blieb hier, bis der Tod ihn holte.“ Du musst hier bleiben, bis der Tod *mich ergreift* ?“

KAPITEL XXXIII.
"ERBLICH."

Seine lange Nachmittagsruhe hatte Major Jervis wiederbelebt; Er schien ein anderer Mann zu sein, als er seinem Sohn beim Abendessen gegenübersaß und nicht nur vernünftig, sondern auch witzig über die schmutzige Tischdecke hinweg redete, auf der geräucherte Ziegenkoteletts und andere unerwünschte Lebensmittel lagen. Er besprach das verurteilte Quartier – er erinnerte sich an seine frühere Existenz. Die Aussätzigen – sie waren seine Rentner und kamen wöchentlich, um ihr Arbeitslosengeld zu holen – wurden von Missionaren und anderen Menschen gut betreut. Er sprach von seinem Regiment, seinen ehemaligen Kameraden; Er gab anschauliche Beschreibungen von Shikar-Expeditionen, von Schweinejagden und von spannenden Szenen im aktiven Dienst. Er erzählte Anekdoten von bekannten Leuten aus seinem Bekanntenkreis; Er prahlte mit seinen Waffenbrüdern und beschrieb ein Poloturnier, als ob es erst gestern stattgefunden hätte!

„Und du hast all diese Freunde völlig aus den Augen verloren?" fragte sein Sohn nach einer Pause.

Die Frage schien einen Bann zu brechen; Plötzlich verschwand jegliche Lebhaftigkeit aus dem Gesicht des Majors , sein ganzer Gesichtsausdruck veränderte sich in den eines geschrumpften alten Mannes, als er antwortete:

"Ja; Ich habe die Herde vor sieben langen Jahren wie ein verwundetes Reh verlassen. Ich habe mich vor ihnen versteckt und bin völlig vergessen. Die Menschen werden hier früher und vollständiger vergessen als in jedem anderen Land."

"Warum sagst du das?" fragte sein Sohn ungläubig.

„Weil das Leben so voll ist; Die Ereignisse schreiten schnell voran, Veränderungen geschehen täglich. Cholera, Krieg, Unfälle, wegreißende Männer – und Erinnerungen."

Als der Tisch abgeräumt und die Zigaretten hervorgebracht waren und Fuzzil und sein Begleiter etwas widerstrebend gegangen waren, blickte Major Jervis seinen Begleiter eine Zeit lang fest an und rief schließlich aus:

„Du bist mir sehr ähnlich, Mark! Ich kann es selbst sehen; und ich galt als gutaussehender Kerl. Allerdings hatte ich einen größeren Rahmen; Ich bin ein paar Steine schwerer gefahren. Aber du bist ein stärkerer Mann als dein Vater; Du hast ein kantiges Kinn und einen strengen Willen. Du kannst *Nein sagen* . Ich konnte dieses Wort nie rechtzeitig herausbringen – und viele

Probleme waren mein Schicksal. Du möchtest, dass ich mit dir nach Hause gehe, mein Junge?"

„Das tue ich", war die lakonische und nachdrückliche Antwort.

mir bleibst ; Du musst bei mir bleiben. Ich habe nicht mehr lange zu leben. Schau mich gut an."

Mark warf einen Blick auf seine eingefallenen Augen, seine abgenutzten, ausgemergelten Gesichtszüge.

„Und du musst das letzte von mir sehen. Ich habe nicht vor, dich gehen zu lassen; Nein, ausnahmsweise kann auch ich *nein sagen* .

„Dennoch fürchte ich, Sie müssen mich gehen lassen, Sir, und zwar in Kürze. Ich habe Onkel Dan versprochen –"

„Ja", unterbrach er mit unerwarteter Leidenschaft, „ich verstehe, was Sie sagen würden; dass du mir deinen Onkel in den Rachen stoßen würdest. Aber bist du schließlich nicht *mein* Sohn – nicht sein? Ich habe dich großgezogen, bis du zehn Jahre alt warst. Wer war es, der als kleines Kind, das vor Fieber brannte, stundenlang mit einem auf dem Arm auf und ab ging? Nicht dein Onkel Dan. Wer hat Sie als Erster auf den Rücken eines Ponys gesetzt und Ihnen beigebracht, wie ein bengalischer Sowar zu sitzen? Nicht dein Onkel Dan. Wer hat dich aus der Umarmung deiner sterbenden Mutter geholt? Nicht dein Onkel Dan. Du bist mein eigenes Fleisch und Blut; In der ganzen weiten Welt habe ich jetzt niemanden außer dir. Seit Osmans Tod habe ich keinen einzigen Freund mehr. Ich bin von Vampiren und Dienern umgeben. Mein Erbe betet jeden Abend auf Knien zu seinem Schutzpatron um das Telegramm, das die Nachricht von meinem Tod überbringen wird. Ich glaube, das Formular befindet sich hier in Fuzzils Besitz, vollständig ausgefüllt, bis auf das *Datum* ! Ich bin ein elender, einsamer, sterbender Unglücklicher, und ich appelliere an dich, mein Sohn, mir ein paar Monate deines gesunden, glücklichen Lebens zu ersparen und an meiner Seite zu bleiben und mich zu beschützen. Muss ich", die Ellenbogen auf den Tisch gestützt und aufmerksam in das Gesicht seines Sohnes blickend, „vergeblich appellieren?"

„Du möchtest, dass ich ganz hier bei dir lebe?"

„Ja", mit knapper Betonung.

„Um meinen Onkel aufzugeben?"

„Eine Zeit lang, ja. Ich scheine grausam egoistisch zu sein, aber ich bin wie ein Ertrinkender, der nach einer Spiere greift. Du *wirst* bleiben?" Ein Zittern ging durch seine Stimme.

"Ich kann nicht. NEIN; „Ich habe Onkel Dan versprochen, dass ich auf jeden Fall zurückkomme", erwiderte sein Sohn bestimmt.

„Dein Onkel ist gesund, reich, hat eine Frau und viele Freunde. Sicherlich kann er dich einem kranken und verlassenen Mann ersparen. Der Allmächtige hat mich sehr gequält. Wenn du mich meinem Schicksal überlässt und zu deinem fröhlichen Leben und deinen Gefährten zurückgaloppierst, wird der Tag kommen, an dem du es bitter bereuen wirst. Osmans Bürde ist auf dich gefallen, und wird mein eigener Sohn weniger für mich tun als ein Fremdling im Blut, ein Mohammedaner im Glauben, ein armer, unaufgeklärter, treuer Sowar?"

Und er streckte seine Hand aus und richtete einen fragenden Blick auf seinen Begleiter. Die Blässe des konzentrierten Gefühls färbte das Gesicht des jungen Mannes, ein paar Schweißtropfen standen auf seiner Stirn.

„Mark, was ist deine Antwort?" forderte er mit heiserem Flüstern. "Sei schnell. Sagen Sie ja oder nein – ja oder nein."

„Nicht jetzt, Sir", stand plötzlich auf. „Du musst mir Zeit geben. Gib mir achtundvierzig Stunden."

„Ah, da ist etwas mehr als dein Onkel", mit einem schnellen, ausdrucksstarken Blick; Und er stand auf und legte seine Hände schwer auf die Schultern seines Sohnes. „Ich weiß", blickte ihm mit wahnsinniger Schärfe direkt in die Augen, „da ist natürlich eine *Frau* in dem Fall?"

„Das gibt es", gab Mark zu und richtete sich auf. „Eine Stunde bevor ich Ihren Brief erhielt, hatte ich ein Mädchen gebeten, meine Frau zu sein."

„Und Sie brauchen mir ihre Antwort nicht zu sagen – *ja* , natürlich; jung, reich, gutaussehend! Die Welt ist voller Frauen – überrannt von ihnen. Ein Mann kann fünfzig Liebste haben, aber er hat nur einen Vater!"

„Für mich gibt es nur einen Schatz auf der Welt", erwiderte sein Sohn stolz.

Major Jervis richtete sich mit einer Miene beeindruckender Würde auf und musterte den Sprecher absichtlich in sarkastischem Schweigen. Plötzlich veränderte sich sein Gesichtsausdruck und wurde voller Wut; Er machte eine hektische Geste, als würde er seinen Sohn und seine Geliebte vom Erdboden fegen. Dann riss er eine Purdah zurück, hinter der er augenblicklich verschwand und sie zitternd hinter sich zurückließ.

Nachdem er eine Viertelstunde gewartet hatte, ging Mark in sein eigenes Zimmer, in dem er von einem Ende zum anderen auf und ab ging. Dann drehte er die Lampe herunter, öffnete das Fenster, schaute hinaus und holte tief Luft. Seine Schläfen pochten wie Motoren in seinem brennenden Kopf, jede Faser seines Wesens, jeder Funken seines Verstandes war nun in einen inneren Seelenkampf verwickelt.

Auf der einen Seite war Honor Gordon gekleidet, sein gutherziger, nachsichtiger Onkel, dem er aufrichtig verbunden war – Freunde, Reichtum, das Leben, an das er gewöhnt war – ein Leben voller Leichtigkeit und Sonnenschein. Auf der anderen Seite war da noch *dieses*! – und er betrachtete ernst die düstere, unheimliche Landschaft, den Sternenhimmel, der sich bis zum geheimnisvollen Horizont erstreckte, und schauderte – sein gequälter, verlassener Vater, der nicht entfernt werden wollte und der nicht entfernt werden konnte verlassen.

Sein Vater, der sich in seiner Kindheit um ihn gekümmert hatte. Ja! jetzt war *er an der* Reihe; Und würde er hinter Osman, dem Mohammedaner, stehen, der aus Liebe getan hatte, was er aus Pflicht tun sollte?

„Aber sein Vater könnte noch Jahre leben! War er ein Unmensch, der ihm den Tod wünschte? *Hat* er sich den Tod seines Vaters gewünscht?" fragte er sich heftig und schauderte erneut. Wozu kam er? Hatten ihn zwei Tage im Dschungel in ein Biest verwandelt?

Wenn er akzeptierte, was eindeutig seine Pflicht war, würde sein Onkel ihn verstoßen, und er musste auf Honor Gordon verzichten! War das ein Zuhause, in das man sie bringen konnte? forderte der gesunde Menschenverstand grimmig. Und er wäre jetzt tatsächlich mittellos! Er wurde von herzzerreißenden Zweifeln und Versuchungen gequält, da Pflicht oder Neigung die Oberhand gewannen. Vor zwei Nächten konnte er vor Glück nicht schlafen; Jetzt konnte er sich vor seinem Elend nicht ausruhen! Er beschloss, dieses wütende Fieber zu überwinden und diesen geistigen Aufruhr durch bloße körperliche Erschöpfung zu unterdrücken. Er ging durch das stille Haus, wo alle Türen offen standen, und wäre beinahe über eine Ziege und zwei Kinder gefallen, die im Flur dösten, ansonsten waren die unteren Bereiche unbewohnt.

Plötzlich nahm er draußen einen großen Lärm und ein strahlendes Licht wahr; Lachen, lautes Geplapper und das selbstgefällige Summen ausschweifender Tom-Toms! Das Gelände wurde von einem großen Feuer und einem halben Dutzend brennender Fackeln erleuchtet und war von einer Menge Eingeborener bevölkert, die mit größter Wertschätzung die feierlichen Bewegungen und schrillen, hohen Gesänge einiger kitschiger Nautch-Mädchen genossen. Die umliegenden Hügel waren voller lebhafter Besucher. Bei einem handelte es sich offenbar um eine Kneipenhöhle, während sich in einem anderen Spielerkeller aufhielten. Unbemerkt im Schatten auf den Stufen stehend, beobachtete Jervis diese Orgien ganz nach

Belieben. Er zeichnete den Khitmatghar aus , allerdings ohne Turban, sein glattes schwarzes Haar war gescheitelt wie das einer Frau und fiel ihm über die Schultern. Er spielte mit drei anderen Männern Karten; Eine Flasche und ein Becher standen für den allgemeinen Genuss bereit. Der „ Khit “ war in das Spiel vertieft, seine Augen schienen aus seinem Kopf herauszuragen, während er gierig den Karten folgte. Unterdessen beaufsichtigte Fuzzil feierlich den Nautch und applaudierte gelegentlich mit gelegentlicher, betrunkener Herablassung.

Ein paar scharfe Worte des jungen Sahib, der wie ein Geist unter ihnen erschien, hatten eine elektrisierende Wirkung. Auf eine ehrfürchtige und augenblickliche Stille folgte ein gleichzeitiges wildes Anstürmen und Hasten.

„Was hat dieser Wahnsinn zu bedeuten?“ forderte der Sahib streng von Fuzzil , der mit betrunkener Tapferkeit standhielt, während die Nautch-Mädchen, Tom-Toms und Zuschauer dahinschmolzen wie so viele Kaninchen, die in ihre Höhlen huschten.

"Wahnsinn!" wiederholte Fuzzil mit einem Ausdruck empörter Würde; „Es ist eine großartige Tamasha für die Hochzeit des Sohnes des Bruders meiner Frau. Mag der Sahib nicht Nautches, Karten und Alkohol wie andere junge Sahib? Mit Sicherheit *tut er* das.“ Er beantwortete seine eigene Frage mit unverschämtem Nachdruck und ein wenig taumelnd. „Was den Wahnsinn betrifft; Dieses Haus ist ein Poggle-Khana “ (Irrenhaus).

„Was meinst du, du Schlingel?“ sagte Jervis scharf.

„Tatsächlich weiß das die ganze Welt. Ist der blonde Sahib, sein Sohn, der *Letzte* , der erfährt, dass der alte Mann verrückt ist? Fragen Sie den Arzt; Fragen Sie Cardozo Sahib. Manchmal spricht er ein Jahr lang nie. Manchmal Raubüberfälle und Selbstmordversuche ; aber Osman kümmerte sich um ihn. Nun, siehe da! Osman ist tot; bald ist *Schluss* . Dieses Haus wird kein Poggle-Khana mehr sein und alle würdigen „ Nouker Log“ (Diener) können in ihr eigenes Land zurückkehren.“

„Sie können morgen zurückkehren“, antwortete der Sahib in überraschend fließendem Hindi .

„Du bist hier nicht der Herr“, schimpfte Fuzzil erstaunt. „Ich nehme keine Befehle entgegen.“

„Sie werden feststellen, dass ich es bin; Und wenn du jemals wieder in meine Gegenwart kommst, mit deinen Schuhen an deinen Füßen, werde ich dich bis auf den letzten Zentimeter deines Lebens verprügeln. Schickt alle diese Leute weg; Sag ihnen, dass die Tamasha heute Abend vorbei ist. Machen Sie das Licht aus, machen Sie sich auf den Weg und schlafen Sie nüchtern.

Fuzzil starrte, schluckte, keuchte. Die entschlossene Miene und der strenge Blick des jungen Mannes überforderten ihn, und er schlich gehorsam und ohne weiteren Streit davon.

Major Jervis erschien am nächsten Morgen nicht, und sein Sohn bestieg sein Pony und machte einen langen Ausritt. Wohin er ging, erinnerte er sich nur noch vage; seine Gedanken waren viel zu beschäftigt, um seine Umgebung wahrzunehmen. Es bestand kein Zweifel, dass der Geist seines Vaters betroffen war; Zweifellos war dies auf den Sturz über den Khud und seine Kopfverletzung zurückzuführen. Die entscheidende Frage musste noch geklärt werden: Sollte er, Mark Jervis, seine Jugend der kindlichen Pflicht opfern? – im Gelben Kothi würde man bald alt werden – auf Freunde, Glück und Liebste verzichten und ganz und gar ein halbwildes Leben führen abgeschnitten von dem, was man Leben nennt.

Aber wenn er andererseits den Kopf seines Ponys für Shirani bereithielt und zu allen Freuden der Welt zu Ehren zurückkehrte, würde die Erinnerung an den elenden Vater, den er Fremden überlassen hatte, nicht jedes Vergnügen vergiften und sich dazu zwingen? jede Freude?

„Aber dort zu leben" – und er zog die Zügel an und blickte auf das quadratische Haus hinunter, das sich deutlich von einem blauen, violetten Hintergrund abhob – „wird", rief er laut, „ein lebendiger Tod sein." Wie ein eitler junger Narr wollte ich die Chance haben, etwas zu tun – eine besondere Aufgabe, eine Heldentat, die mich von anderen Männern abheben würde; aber, weiß Gott, *daran* habe ich nie gedacht!"

Es war später Nachmittag, als er auf die Veranda ritt und zu seinem Erstaunen einen Kuli traf, der ein dampfend heißes Hügelpony – ein gemietetes Tier – wegführte, und noch überraschter, einen Besucher zu entdecken, der es sich bequem in einem langen Stuhl gemütlich gemacht hatte Seine dicken Beine ragten über seinen Kopf und er genoss einen Pflock und einen Stumpen. Offensichtlich gab es keinen Anlass, ihn zu bitten, es sich gemütlich zu machen! Der Fremde setzte langsam seine Füße ab und stellte sich darauf, als er Mark zum ersten Mal erblickte.

Nachdem er ihn ein paar Sekunden lang angestarrt hatte, sagte er mit einem Ausdruck großer Freundlichkeit: „Ich bin Fernandez Cardozo, und Sie sind der Sohn von Major Jervis – mein Cousin."

„Ich bin der Sohn von Major Jervis", stimmte der junge Mann steif zu; und dieser wiederum beäugte kritisch den Erben seines Vaters. Er war klein, fleischig und dunkelhäutig, etwa vierzig Jahre alt; Er hatte einen kurz geschorenen, mit grauen Haaren übersäten Kugelkopf, ein rundes, gutmütiges Gesicht, ein Paar fröhliche schwarze Augen und einen großen

Mund voller blitzender weißer Zähne. Ein Eurasier und möglicherweise kein schlechter Kerl, lautete Marks Urteil.

Der andere dachte: „Was für ein toller junger Mann! Ganz tip-top. Wie seltsam es schien, dass er der Sohn des armen, verrückten alten Majors in seinem Inneren sein sollte." Und sein Blick wanderte über sein schickes Landpony, seine englische Sattlerware, seine gut geschnittenen Stiefel und Kleidung.

„Ja – du bist sein Sohn", sagte er schließlich, „aber ich bin sein *Erbe* . Das sind wir, Sohn und Erbe", und er lachte – ein öliges Lachen.

„Sie sind natürlich der Erbe von Mrs. Cardozo – ich meine das Vermögen von Mrs. Jervis. Willst du dich nicht hinsetzen?"

„Du bist doch noch nicht lange hier, oder?" Jetzt setzt er sich neu.

"NEIN; nur zwei oder drei Tage."

„Und wie", mit einer Daumenbewegung in Richtung der Wohnungen des Majors, „finden Sie den alten Mann?"

„Nun, ich wusste bis jetzt nicht, dass sein Geist eher – betroffen war. Er hat mir seit Jahren nicht mehr geschrieben und ich habe seine Adresse nur mit Mühe bekommen."

„Ja, er hält sich lieber bedeckt – als Mr. Jones. Aber , *ziemlich* betroffen' ist milde ausgedrückt."

"Denkst du so?" Er betrachtete Cardozo mit feindseligen Augen.

„Das wirst du bald auch denken. Sei mir jetzt nicht böse, mein lieber Junge. Niemand ist jemals böse auf Ferdy Cardozo, sie wissen, dass ich ein guter Kerl bin und dass ich es gut meine. Sollen wir hineingehen und nachsehen, ob es etwas zu essen gibt?"

„Sicherlich hätte ich vorher darüber nachdenken sollen."

„Oh, bitte entschuldigen Sie sich nicht, ich fühle mich ganz zu Hause. „Fuzzil , du fettes, faules Schwein", sagte er zu dem nun unterwürfigen Träger, „hol mir etwas zu essen, keins von dem Futter deiner Hunde – wie Gehirnkoteletts oder Irish Stew, und bring etwas von *meinem* Wein mit." „Es ist sehr heiß hier drin, furchtbar frostig ", öffnete er ein Fenster. „Der Major hasst mich wie Gift, und wenn er hört, dass ich im Haus bin, kommt er nicht heraus, er wird wie eine Schlange zu Boden gehen, aber ich werde morgen weg sein."

"Ja?" fragend.

„Bist du in der Armee?" fuhr Fernandez mit halb geschlossenen Augen fort.

„Nein, ich bin nicht in der regulären Armee; Ich bin in der Freibauernschaft."

„Kein Beruf also?" Er hob seine hochgezogenen Brauen in eher überheblicher Überraschung.

„Nein, keine." Sein Beruf als Erbe seines Onkels Dan würde bald der Vergangenheit angehören.

Mr. Cardozos Vermutung war vollkommen richtig. Major Jervis erschien nicht, er sandte lediglich seine Salaams und speiste in seinen eigenen Gemächern und überließ es seinem Sohn und seinem Erben, diese Mahlzeit *tête-à-tête zu sich zu nehmen* . Es war eine große Verbesserung gegenüber der üblichen *Speisekarte* . Offensichtlich verfügte Fuzzil über Ressourcen, auf die er bei würdigen Anlässen zurückgriff.

„Es ist eine schöne Mondnacht", bemerkte Fernandez. „Lass uns vor dem Haus rauchen gehen, das ist besser, als drinnen zu sein, und wenn ich oben bin, genieße ich gerne die Bergluft, und wir sind den Lauschern aus dem Weg."

Wenige Augenblicke später saßen sie auf der niedrigen Mauer vor dem Pela Kothi.

„Osman war ein verzweifelter Verlust", begann Fernandez, als er einen Zünder zündete – „ ein verzweifelter Verlust."

„ Das entnehme ich dem, was ich höre", stimmte sein Begleiter zu.

„Das ist zum Teil der Grund, warum ich groß geworden bin. Aber ich habe hier natürlich Geschäfte zu erledigen. Ich lebe in Kalkutta. Ich habe gern ein Auge auf das Anwesen, und ich kümmere mich um den Major und kümmere mich um seine Angelegenheiten, so gut ich kann – ich halte es für meine Pflicht." Und er begann zu rauchen.

War hier noch ein anderer Mann, der nicht mit Major Jervis verwandt war und sein eigenes Fleisch und Blut beschämen sollte?

„Ich wünschte, du würdest mir etwas über meinen Vater erzählen – die letzten sieben Jahre sind für mich eine versiegelte Seite."

„Also, als Erstes ist er beim Schweinskleben auf den Kopf gefallen, und das hat ihn für eine Weile ziemlich benommen, er hat alles doppelt gesehen. Dann war das Tonga -Geschäft natürlich ein Volltreffer. Osman brachte ihn hierher, und zeitweise ging es ihm vollkommen gut, er war genauso gesund wie du oder ich und interessierte sich für den Garten und die Nachrichten und all das, aber es ging ihm nach und nach schlechter, es kam zu Anfällen von Schweigen und Depression, er öffnete seinen Garten nie mehr Lippen vielleicht ein ganzes Jahr lang – Melancholie, Selbstmordwahn – versucht haben, sich mit einem Steigbügelleder zu erhängen, verstehen Sie?", wobei er ausdrücklich seine Stimme senkte.

„*Ich* – ich – verstehe", stimmte der andere fast flüsternd zu.

„Er muss mehr oder weniger immer jemanden bei sich haben. Jemand , den er mag und der Einfluss und einen starken Willen hat, wie Osman – er war von unschätzbarem Wert. Ich weiß nicht, wie wir einen Ersatz für ihn finden sollen", fuhr Fernandez nachdenklich fort, während er die Beine übereinander schlug, den Ellbogen auf die Knie stützte und nachdenklich schnaufte.

„Die Diener, die er jetzt um sich hat, müssen entlassen werden", sagte Mark mit Nachdruck. „So ein Rudel habe ich noch nie gesehen! Gestern Abend gab es ein Fest und Tom-Toms. Sie sind faule, unverschämte, nutzlose Schurken!"

„Kein Zweifel", stimmte Fernandez fröhlich zu. „Und Fuzzil wird einen reichen Mann in den Ruhestand schicken, einen Gharry behalten und seine Söhne aufs College schicken. Sie kommen als ziemlich anständige Bedienstete hierher – aber das verzweifelt langweilige Leben, kein Basar, kein anderer „ Nauker- Baumstamm", mit dem man bukhen kann , ist ein Mangel, den kein Lohn zurückzahlen kann. Dann hat der Haushalt keinen Kopf, keine geregelten Arbeitszeiten, und so tun alle, was sie wollen, und gehen ins Schlechte. Ich weiß nicht, was ich jetzt tun soll – dein Vater lässt keinen Fremden in seine Nähe. Die Frage ist: Wer soll Osman ersetzen? Sag mir das" – und er streckte mit einer dramatischen Geste seine Hand aus.

„Ich werde Osman ersetzen", war die völlig unerwartete Antwort.

"Du!" rief Cardozo und blickte den Sprecher mit großen, ungläubigen Augen an. Das Gesicht des jungen Mannes war blass, seine Lippen waren hart. „Du weißt nicht, was du sagst" – und er nahm seine Zigarre aus dem Mund und starrte seinen Begleiter weiterhin erschöpft an. „Sie sind an die große Welt Londons gewöhnt; Sie haben gesehen und getan, worüber ich nur gelesen habe – denn ich war nie zu Hause; Sie sind an den Trubel der Gesellschaft, an Neuheit, Aufregung, Luxus und immensen Reichtum gewöhnt. Willst *du* hier wohnen? Auf mein Wort, entschuldigen Sie, mein Lieber, allein der *Gedanke* bringt mich zum Lachen. Sogar ich, auf dem Land geboren und aufgewachsen, würde in kürzester Zeit verrückt werden. Ich konnte das Leben nicht länger als eine Woche ertragen – ein Monat würde mich umbringen!"

„Ich lasse mich nicht so leicht töten, wie Sie sich vorstellen. Ich bin härter, als Sie denken", erwiderte Jervis.

„Aber du weißt nicht, was du ertragen müsstest" – er streckte aufgeregt die Arme aus. „Die Einsamkeit, die Stille, Tag für Tag genau das Gleiche – Frühstück, Tiffin, Abendessen, Bett – nichts zu tun, nichts zu hoffen, niemanden zu sehen, außer dem Bergvolk oder einem Missionar. Ich sage dir, dass du eines von zwei Dingen tun würdest – entweder dir die Kehle durchschneiden oder etwas trinken gehen."

„Ihre Beredsamkeit ist ein Verlust für die Bar, Cardozo."

„ Das wurde mir oft gesagt" – mit einer hastigen Handbewegung; „Aber es geht jetzt nicht um meine Beredsamkeit, sondern um Ihre Zukunft. Meinen Sie im Allgemeinen, was Sie sagen? Beabsichtigen Sie, hier als einziger Begleiter Ihres Vaters zu leben?"

„Das tue ich", antwortete der junge Mann und beantwortete seinen Blick mit Augen voller unbezähmbarem Feuer.

Mr. Cardozo schnaubte eine Zeit lang in feierlichem Schweigen, doch in seiner Miene lag eine gewisse lebhafte Fröhlichkeit, als er plötzlich bemerkte:

„Mit dem Major geht es rapide bergab, armer alter Kerl! Sein Gesundheitszustand ist schlecht; Ich sehe eine große Veränderung in ihm. Sein Geist wird sich nie erholen. Natürlich *das* ist nicht zu erwarten; Sie wissen, dass es in der Familie liegt – es ist erblich."

„Was liegt in der Familie? Was ist erblich?" forderte der andere mit einem Blick voller Schmerz und Aufregung.

"Wahnsinn. Er erzählte Mércèdes , der mir erzählte, dass sein Bruder auf See über Bord gesprungen sei und unter der Obhut zweier Wärter nach Hause gegangen sei; und sein Vater starb in der Irrenanstalt von Richmond."

"Ist das wahr?" Mark brachte die Worte mit drei schnellen Keuchen hervor.

„Du willst nicht sagen, dass du es nie wusstest? Oh, ich bin furchtbar verärgert! Ich habe völlig vergessen, dass du sein Sohn bist. Meiner Meinung nach sehen Sie so anders aus, während Sie dort stehen, dass ich nicht begreifen kann, dass er Ihnen etwas bedeutet."

Jervis hatte Mühe, sich erneut zu artikulieren, scheiterte jedoch deutlich. Mit zitternder Hand warf er seine Zigarette über die Brüstung, ging dann die Stufen hinauf und verschwand sofort im Halbdunkel des Eingangs.

"Erblich." Das Wort schien in Flammenbuchstaben vor ihm geschrieben zu stehen – „ erblich“.

KAPITEL XXXIV.
DIE INITIALEN „HG"

Als im Club und anschließend in ganz Shirani bekannt wurde, dass der junge Jervis am Abend des Junggesellenballs plötzlich verschwunden war, war die Sensation groß.

Nein, nein, es bestand kein Verdacht auf ein Verbrechen; Dort waren seine Diener zu befragen. Jan Mahomed, sein respektabler, graubärtiger Begleiter, hatte erklärt, dass sein Herr in der Nacht, als er nach Hause gekommen war, direkt aus seinen Abendkleidern seine Reitsachen geschlüpft, das graue Pony genommen und in die Dunkelheit davongaloppiert sei. Wohin? Wie konnte er das sagen? Er streckte mit einer Geste bedauernswerter Unwissenheit ein Paar dürre, leere Hände aus. Er erwähnte den Brief nicht; denn dieser umsichtige Diener hatte schon früher bei unverheirateten Sahibs gelebt.

Mrs. Langrishe und Lalla waren sich ausnahmsweise einig. Sie waren davon überzeugt, dass Mr. Jervis mit Miss Gordon weiter gegangen war, als er beabsichtigt hatte, und um den Fehler zu beheben, anschließend Meilen zwischen ihnen zurückgelegt hatte – wahrscheinlich befand er sich zu diesem Zeitpunkt auf blauem Wasser. Aber sie wagten es nicht, diese Meinung öffentlich zu äußern; es war „nur Damen" vorbehalten. Major Langrishe hatte es verächtlich ausgelacht; und was Toby Joy betrifft, so hätten er und Lalla beinahe einen Streit über dieses Thema gehabt – ihren allerersten Streit.

„Jervis soll einem Mädchen einen Heiratsantrag machen und dann weglaufen!" er weinte empört. „Über den letzten Kerl in Shirani, der so einen gemeinen Trick gemacht hat. Jervis ist ein Gentleman bis in die Sohlen seiner Stiefel und ein wirklich guter Kerl, fünfzig Waring wert."

„Ja, das lernen wir alle *jetzt*, da es ziemlich spät am Tag ist", erwiderte Lalla sarkastisch.

„Du meinst das mit dem Geld! Aber ich meine auf andere Weise. An dem Tag, an dem ich ihn und Mrs. Sladen beinahe zerschmettert hätte, hat er es furchtbar gut verkraftet ; Das hast du selbst gesehen! Er hielt sich sicherlich bedeckt, was die Tatsache anging, dass er wohlhabend war. Er ist der am wenigsten protzige Kerl, den ich je getroffen habe, und gerade wie ein Würfel, ein völliger Gegensatz zu dem großen Clarence, der allen Berichten zufolge in Simla Zwei gespielt hat und aus jeder Menge Geld Enten und Drachen gemacht hat. "

„Nun, zumindest wissen wir, *wo* er ist und *was* er tut!" erwiderte Lalla. „Aber niemand kann das Gleiche von der Cousine sagen. Wo ist er und was macht *er*? Er war immer sehr nah an sich selbst und ich halte die ganze Sache für äußerst verdächtig. Angenommen, ein Mann macht mir einen Heiratsantrag."

„Ja, vorausgesetzt, ein Mann macht Ihnen einen Heiratsantrag", wiederholte Toby und rückte näher an die Dame heran.

„Und ich habe ihn akzeptiert. Schauen Sie jetzt um Himmels willen nicht so völlig idiotisch aus! Und er flüchtete einfach und rannte davon, würde ich das nicht für eigenartig halten? Ich muss sagen, dass Honor Gordon es unter den gegebenen Umständen besser verkraftet, als ich es sollte."

„Wie schnell wirst du diesen Gloster los?" fragte Toby irrelevant.

Sir Gloster beendete gerade eine mühsame Genesung und machte täglich Ausflüge in Mrs. Langrishes Rikscha; und die Leute, die in einem Viertel von einer Hochzeit enttäuscht waren, warteten sehnsüchtig darauf, in einem anderen davon zu hören.

„Ich weiß es nicht", kokett. „Vielleicht werde ich ihn *nie wieder* los!"

„Du weißt, dass du das nur sagst, um mich unglücklich zu machen. Du meinst es doch nicht wirklich so, oder?" flehte Toby, mit einem Ausdruck des Elends auf seinem sonst so fröhlichen Gesicht, dass Miss Paske in ein unkontrollierbares Gelächter ausbrach und sagte:

„Toby, wie kannst du so unglaublich albern sein?"

Aus den wenigen Tagen, von denen Mark Jervis geschrieben hatte, waren mittlerweile zehn geworden, und er war fast aus den Köpfen der Menschen verschwunden, außer als eine Reihe von Ponys, die von ihren Pferden geführt wurden und schicke Jhools mit den Initialen MJ trugen, ihn für einen Moment zu sich brachten Erinnerung.

Und nun tauchte Captain Waring plötzlich wieder auf. Er kam direkt von Simla zurück zu der verachteten Shirani und alles andere als in seiner üblichen fröhlichen Stimmung. Wie er auf dem Weg nach oben seine Kulis und Ponys verflucht hatte! Was für ein Leben hatte der *Débonnaire* Clarence mit seinen elenden Dienern geführt, als ob die armen Kerle für sein Unbehagen, sein Pech, seinen Ruin verantwortlich wären, denn es war dazu gekommen – und es war ein verzweifelter Mann, der sein verzweifeltes Land anspornte – züchtete Pony die letzten zwei Meilen der staubigen Karrenstraße hinauf.

Er war überrascht, Haddon Hall ohne Mieter vorzufinden; Aber als der Überbringer erklärte, dass „ein Pahari einen Zettel mitgebracht hatte und sein Herr „ek dum " gesagt hatte, *also* auf der Stelle, nickte er weise mit dem Kopf und schien alles darüber zu verstehen. Was er nicht verstehen konnte, war Marks längere Abwesenheit. „Zehn Tage sind vergangen", sagte

Mahomed; „Wenn er an Marks Stelle wäre, wären zwei Tage völlig ausreichend, um sich seinem exzentrischen Elternteil zu widmen."

Clarence befand sich in einer schlimmen Lage und war fast am Ende seiner Ressourcen, die bis dahin so unerschöpflich gewesen waren wie der Sarg der Witwe. Er hatte rücksichtslos mit stärkeren Männern als ihm gespielt; Er hatte gutes Geld schlechtem hinterhergeworfen, in dem üblichen wilden Versuch, beides zurückzugewinnen. Seine Schuldscheine, Ehrenschulden und Lotteriekonten beliefen sich auf eine hohe Summe; er würde in ein paar Tagen abgeschickt werden, wenn er nicht zahlte. Was die anderen Schulden anbelangt, so gab es Legionen – Ladenrechnungen , Vereins- und Messekonten, Löhne –, sie strömten aus allen Richtungen auf ihn herab, seit dieser kleine, brutale Binks Simla angegriffen und alles verdorben hatte. Miss Potter hatte ihm bittere Vorwürfe gemacht und ihn anschließend unverkennbar brüskiert; die Männer im Club sahen ihn kalt an; Die Spitzenspieler im Kartenraum wirkten steif und merkwürdig abgeneigt gegenüber seinem „Eingreifen". Die Leute hörten plötzlich auf zu reden, als er sich ihnen anschloss; Ja, er befand sich in einer Krise seines Lebens, einer Krise, die durch seine eigene wahnsinnige Rücksichtslosigkeit und seine rasende Spielleidenschaft verursacht wurde. Er war ausdrücklich nach Shirani gekommen, um Mark um Hilfe zu bitten; Wenn er ihn im Stich ließ, wenn er sich weigerte, die Hand auszustrecken und ihn aus dem Abgrund der Zahlungsunfähigkeit und der Schande zurückzuziehen, an dessen Rand er taumelte, musste er untergehen und von den Tausenden hinweggeschwemmt und verschlungen werden und Tausende, die ebenfalls untergegangen sind!

Nach einem Bad, einer Mahlzeit und einer Zigarette fühlte sich Kapitän Waring besser und machte sich daran, die Dinge gründlich zu überdenken und sich zusammenzureißen. Er hatte seine eigenen Ponys und Waffen verkauft, deren Preis für seine dringlichsten Gläubiger ein Trottel war. Er würde nun damit fortfahren, Marks Batterie zu entsorgen. Ja, es waren gute Waffen – er würde sie und die Ponys sofort an die Anschlagtafel im Club hängen – der Preis dafür würde ihre Überfahrten und unmittelbaren Ausgaben bezahlen; Marks 500 Pfund würden alle Schulden decken; Er hatte keine Rupie mehr beim Agenten und würde Mark sofort nach Hause bringen. Es stimmte zwar, dass ihr Jahresurlaub noch vier Monate dauerte, es war Mitte Juni, aber er hatte Indien zu heiß gemacht, um ihn zum zweiten Mal festzuhalten. Je früher er sich daran machte, die Geschäfte abzuwickeln, desto besser, und er stand spontan auf, entschlossen, ein Auge auf die verkäuflichen Besitztümer seines Cousins zu werfen.

Er ging in Jervis' Zimmer, das kleinere und schlechteste der Schlafzimmer und sehr schlicht eingerichtet. Es gab ein kahles Feldbett, eine klapprige Kommode, einen verwaschenen Dhurrie auf dem Boden und auch eine lange

Reihe Stiefel; ein paar Sättel auf einem Ständer und eine erstklassige Geschützbatterie – „ ein doppelläufiger Zentralfeuer-Breakloader von Purdy, der 250 Rupien einbringt; ein 500 Express von Lancaster, 400 Rupien; 8-Kaliber-Gewehr, 600 Rupien; Turmgewehr, 100 – sagen wir, 1300 Rupien", war seine mentale Berechnung.

Als er diese untersucht hatte, erregte ein Paket auf der Kommode seine Aufmerksamkeit; Es gab auch ein Programm . Er nahm es auf und betrachtete es; er war in solch kleinen Dingen äußerst neugierig. Die Karte war voll und gegenüber von drei Tänzen waren die Initialen „HG" gekritzelt.

„Hmpf!" er murmelte laut. „ *Das* ist also so!" Und als sein Blick zu einem damenhaften Paket in Silberpapier wanderte – „ Was zum Teufel ist *das* ?"

Er rollte es sofort aus und erblickte einen äußerst hochwertigen Fächer aus weißen Straußenfedern mit dem Monogramm HG auf dem Griff. Kapitän Waring entfaltete es, fächelte sich langsam Luft zu, faltete es noch einmal zusammen und sagte:

„Eine Feder zeigt, wie der Wind weht, Mark, mein Junge! Nun, ich gehe rüber zum Club und höre, was los ist, schaue nach den Postdampfern und biete deine Ponys und Gewehre an, mein feiner Kerl. Du wirst schneller mit mir nach Hause kommen müssen, als du denkst, und ich werde ein großes Lob vom Onkel dafür bekommen, dass er dich aus einer gefährlichen Verstrickung herausgeholt hat – mit anderen Worten, von HG."

Und Kapitän Waring schlenderte überraschend gut gelaunt zu den Ställen .

„Es tut mir leid, dass er den Grauen dabei hat!" er murmelte vor sich hin; „Der Graue ist mit Abstand der Beste von den dreien! Der Graue ist fünfhundert Rupien wert."

Seltsamerweise kam der Schimmel noch am selben Tag gegen vier Uhr mit seinem Besitzer nach Hause, sehr zur Freude des Trägers. Sein Herr verbrachte den Nachmittag damit, zu packen, Vorkehrungen zu treffen, Befehle zu erteilen und Briefe zu schreiben. Er kündigte an, dass er am nächsten Morgen wieder weggehen würde und Jan Mahomed und sein Sohn mit seinem gesamten Gepäck folgen sollten. Zukünftig würde er bei seinem Vater in der Nähe von Ramghur leben .

Jan Mahomed nahm diese erstaunliche Information auf die übliche einheimische Art und Weise entgegen, lediglich mit ernster Miene und einem langen Salaam.

Ja, seine Wahl, die Druckgussform, wurde zur großen Zufriedenheit von Major Jervis und zu Fernandez Cardozos größtem Erstaunen getroffen.

Ersterer war krank gewesen und hatte seinen Sohn von einer früheren
Rückkehr nach Haddon Hall abgehalten, um seine Angelegenheiten zu regeln
und seine Briefe zu öffnen, letzterer einschließlich eines von seinem Onkel,
der eine ganze Woche auf dem Schreibtisch gelegen hatte . Es sagte-

" LIEBER MARK ,

„Ihre Antwort ist eingegangen und ich beantworte sie innerhalb einer *Stunde*
. Ich nehme alles zur Kenntnis, was Sie über die junge Dame sagen, und mir
gefällt die Idee *überhaupt nicht* . Mein Junge, du weißt, dass ich dir nie etwas
verweigert habe, aber dazu muss ich *nein sagen*. Mir liegt nur Ihr Wohlergehen
am Herzen. Ich kann nicht zulassen, dass Sie sich auf eine gewöhnliche
Indianertour einlassen. Sie haben Recht, wenn Sie mir alles darüber erzählen;
Und da Sie ihr noch keinen Heiratsantrag gemacht haben, *tun Sie es auch nicht*
. Sie müssen ein hübsches, wohlgeborenes Mädchen heiraten, das noch nie
den Suezkanal durchquert hat. Komm sofort nach Hause; Diese untätigen
Tage in einer Bergstation haben sich negativ auf Ihr stabiles Gehirn
ausgewirkt. Komm so schnell wie möglich nach Hause. Ihr Vater hat sich
offenbar eingebürgert; er will dich nicht – *ich will dich* . Was das Mädchen
betrifft, könntest du ihr ein Pony oder eine Diamantbrosche schenken – alles
– alles, außer dir selbst.

„Dein liebevoller Onkel,
„ D. POLLITT .“

Brief aufblickte, begegnete er den prüfenden schwarzen Augen von Jan
Mahomed, die auf sein Gesicht gerichtet waren.

„Dieser Sahib war krank“, sagte er ernst. „Dschungelfieber bekommen?“

„Nein, Jan, mir geht es gut. Dies ist der Tag, an dem der englische Dak
losfährt, und ich möchte, dass Sie einen Brief für mich auf die Post bringen,
er wird in zwanzig Minuten fertig sein, und dem Kapitän Sahib mitteilen,
dass ich zurückgekommen bin.“

Dann zog er seine Schreibmappe zu sich heran und begann einen Brief an
seinen Onkel. Offensichtlich war dieser Brief nicht leicht zu verfassen,
tatsächlich hatte er ihn bereits mehrere Male in Ramghur geschrieben und
ihn dann sofort vernichtet, aber er musste irgendwie geschrieben werden,
und *zwar jetzt* . Der Beitrag wurde innerhalb einer Stunde hinterlassen.
Schließlich schrieb er:

„ LIEBER ONKEL DAN ,

„Seit ich dir das letzte Mal geschrieben habe , bin ich bei meinem Vater. Er
ließ mich plötzlich rufen, und ich ging noch in derselben Stunde los, als in
seinem Zettel stand, dass er sehr krank sei. Ich fand ihn vierzig Meilen davon
entfernt, in einem abgelegenen Haus, das zum Cardozo-Anwesen gehört,

und unter dem Namen Mr. Jones – ein Name, den er seit sieben Jahren annimmt. Ich hätte ihn nie wiedererkannt, er ist so niedergeschlagen und ein ziemlich gebrechlicher alter Mann. Dies ist die Auswirkung des Unfalls, bei dem seine Frau ums Leben kam. Aber das ist nicht das Schlimmste. Sein Geist ist verwirrt, was für sein seltsames Schweigen und viele andere Dinge verantwortlich ist. Manchmal, wie jetzt, ist er völlig klar und gefasst, aber manchmal leidet er unter Depressionen und Melancholie und sitzt tage- und wochenlang still da. Er ist sich seiner eigenen Gebrechen bewusst und hat sich deshalb für dieses Leben in Abgeschiedenheit entschieden. Bis vor Kurzem lebte einer seiner ehemaligen Sowars bei ihm, ein unschätzbar wertvoller Begleiter; und jetzt, wo er tot ist – ein unwiederbringlicher Verlust – Onkel Dan, ich werde Ihnen etwas sagen, das sowohl ein Schock als auch ein Missfallen für Sie sein wird – ich bin dabei, den Platz dieses treuen Dieners einzunehmen, und versuche es auch sei sein Stellvertreter. Mein Vater ist ein verlassener und verzweifelter Mann; Er hat niemanden außer mir, auf den er sich verlassen kann – er blickt auf mich, und ich werde ihn nicht im Stich lassen. Er ist nicht wohlhabend – der Reichtum der Begum, das Vermögen von Frau Jervis (abzüglich einer bestimmten Rente), ist ausschließlich ihrem nächsten Verwandten, Fernandez Cardozo, vorbehalten. Er ist kein schlechter Kerl und hat sich um meinen Vater und seine Angelegenheiten gekümmert – kurz gesagt, er hat *meine* Pflicht erfüllt; aber ich werde ihn von all dem befreien und hier draußen bleiben, solange mein Vater lebt. Ich fürchte, dass Sie zunächst denken werden, ich behandle Sie schlecht und undankbar; Aber ich weiß, dass *du* an meiner Stelle dasselbe tun würdest. Natürlich verliere ich mit einem solchen Schritt, den ich zu unternehmen gedenke, jeglichen Anspruch auf Sie, und es ist ein Schritt, der einen Kampf gekostet hat. Ich werde ein anderes Leben führen als das, zu dem ich erzogen wurde. Ich werde isoliert und von der Welt ausgeschlossen sein, denn ich kann meinen Vater nicht einmal für einen Tag verlassen. Sobald ich mein Amt angetreten habe, werde ich dabei bleiben.

„Ich habe hier Ihren Brief gefunden, der auf mich wartet – Ihren Brief über Miss Gordon. Damit ist jetzt natürlich Schluss. Wenn sie nicht gut genug für mich ist, ist es umgekehrt. Sie ist das einzige Mädchen, das mir jemals etwas bedeutet hat. Ich werde jetzt nie heiraten, sondern den Beruf annehmen, den ich als Kind gewählt habe, und als Junggeselle leben und sterben. Ich frage mich, ob ich scherzen kann, denn ich brauche Ihnen kaum zu sagen, dass ich nicht in guter Stimmung bin. Mir kommt es so vor, als wäre mit einem Schlag alles von mir gegangen und ich stehe vor einem neuen Leben und einer unnachgiebigen Pflicht. Was auch immer Sie über mich denken, Onkel Dan, meine Gefühle Ihnen gegenüber werden sich nie ändern; Ich werde immer voller Zuneigung und Dankbarkeit an Dich denken.

„Clarence ist heute aus Simla zurückgekommen . Ich habe ihn noch nicht gesehen. Ich bin erst vor ein paar Stunden angekommen, um meine Ausrüstung abzuholen, meine Diener zu entlassen und Miss Gordon Lebewohl zu sagen. Wenn Sie sie jemals gesehen und mit ihr gesprochen hätten, hätten Sie diesen Vorschlag über ein Pony oder eine Brosche nicht geschrieben. Ich fahre morgen zurück nach Ramghur . Mein Los wird wahrscheinlich nicht besonders hell sein; Machen Sie es nicht schwieriger, Onkel Dan, indem Sie unerbittlich sind. Ich weiß, dass du zunächst sicher sein wirst, dass du mir niemals vergeben *kannst* , aber nach und nach wirst du es tun. Schreiben Sie mir und schicken Sie mir Papiere an Mr. Jones, Ramghur , *via* Shirani. Du könntest genauso gut meinen Namen von den Keulen streichen, die Pferde unten auf der Farm verkaufen und Windover sagen, er solle die Schleppe nicht in die Hand nehmen.

„Ihr liebevoller Neffe,
„ M. JERVIS .“

Der Verfasser traute sich nicht, diesen eilig geschriebenen und mit zahlreichen Radierungen versehenen Brief noch einmal durchzulesen, sondern steckte ihn in einen Umschlag, adressierte ihn und schickte ihn sofort ab, als fürchtete er fast, er könnte in Versuchung geraten, ihn zurückzurufen, und seine Meinung ändern.

KAPITEL XXXV.
„OSMANS ERSATZ.“

„Hallo, Mark!“ rief sein Reisegefährte mit herzlich ausgestreckten Händen. „ Du bist also zurück? Ich bin erst heute Morgen angekommen – kam direkt aus Simla . Was ist denn los? Du scheinst ziemlich kleinlich zu sein .“

„Oh, ich werde es dir gleich sagen. Teilen Sie uns zuerst Ihre Neuigkeiten mit.“

„Nach dem Prinzip, das Beste für den Schluss aufzubewahren, nicht wahr? denn meins ist *schlecht* . Nun, was die Neuigkeiten betrifft“ – er nahm seine Mütze ab und setzte sich – „ Ich nehme an, Sie haben gehört, dass unser Geheimnis jetzt öffentliches Eigentum ist. Dieser krasse Arsch, der kleine Binks, hatte es ganz auf Simla abgesehen . Welches Geschäft hatte *er* , sich in unsere Privatangelegenheiten einzumischen?“

„Es war nie das, was man als privat bezeichnen würde“, entgegnete Mark, der mit den Händen in den Taschen am Ende eines echten, altmodischen Sofas lehnte. „Mich wundert nur, dass es noch nie herausgekommen ist.“

„Ja, jetzt, wo Sie es erwähnen, bin ich es auch. Wir hatten viele Mitpassagiere, aber keiner von ihnen kam hierher; Sie waren hauptsächlich für Burma, Madras oder Weltenbummler bestimmt. Ich könnte den Namen eines von ihnen nicht nennen, wenn ich tausend Pfund hätte. Es gibt nichts, was man als Mitreisender so schnell vergisst. Natürlich waren Sie bei Ihrem Gouverneur?“

"Ja. Ich war fast vierzehn Tage weg.“

„Und wie hast du ihn gefunden?“

„Es tut mir leid, sagen zu müssen, dass ich sehr niedergeschlagen bin – krank und trostlos.“

„Aber mit Säcken voll Goldmohurs überall in den Zimmern und Kronleuchtern voller echter Diamanten. Ich hoffe, du hast welche in deinen Taschen?“ sagte Waring fröhlich.

"NEIN. Er ist ein vergleichsweise armer Mann; Zumindest hat er gerade genug zum Leben – eine Rente. Der Großteil seines Vermögens geht, wie es sich gehört, an die Familie Cardozo.“

„Nun, ein Vermögen reicht dir“, entgegnete Clarence. „Ich bin in aller Eile hergekommen. Ich bin die letzten zehn Meilen auf Ihrem braunen Pony geritten, und, bei Gott! Ich dachte, ich hätte ihn getötet. Es war furchtbar heiß und ich beschleunigte. Als ich reinkam, gab ich ihm eine ganze Flasche Whisky.“

„Eine ganze Flasche! Nun, ich hoffe, du gibst ihm morgen früh etwas Sodawasser. Was für einen Kopf wird das arme Tier haben!" fügte er mit einem winterlichen Lächeln hinzu. „Aber was war der Grund für dieses verzweifelte Fahren? Ist Miss Potter zurückgekommen?"

„Miss Potter wird gehängt!" war die unritterliche Antwort. „Ich habe mein Bestes getan, um dich dazu zu bringen, mir aus einem schrecklichen Loch herauszuhelfen – einem höllischen Geldwirrwarr."

„Um dir noch einmal zu helfen! Ich dachte, fünfhundert Pfund würden dich wieder in Ordnung bringen."

„Mein Gott, Mann! Es sind nicht Hunderte, sondern Tausende, die das tun würden!" rief der verlorene Sohn.

Jervis hörte auf zu faulenzen und nahm nun eine kompromisslosere Haltung ein.

„Erklären Sie", sagte er lakonisch.

"Ja; Ich habe es durchgezogen , mein Junge", gab Waring mit einem rücksichtslosen Lachen zu. „Alte Gesichter, alte Orte waren zu viel für mich und ich habe einen Haufen Geld verloren. Da war ein Bursche aus New Orleans, ein langköpfiger Kerl, ein geborener Spieler und ein wild aussehender ungarischer Graf; Sie trugen zu viele Waffen für mich. Eines Abends hatten wir dreitausend Pfund, als wir eine Karte umdrehten. Ah, das ist Leben! Es herrscht Spannung, wenn man so will! Besser zwanzig Stunden Simla als ein Zyklus Shirani."

„ Trotzdem bist du nach Shirani zurückgekehrt?"

„Ja, nur weil ich rausgeschmissen bin", war die völlig unverfrorene Antwort.

„Es tut mir leid, das zu hören, Clarence; aber es liegt nicht in meiner Macht, Ihnen über die fünfhundert Pfund hinaus zu helfen, die unsere Ausgaben hier decken. Als ich zurückkam, war der Tisch mit Geldscheinen bedeckt."

„Oh, die!" mit einer Geste der Verachtung: „Schrottige kleine Beschlagkonten, stabile Konten und Miete. Ich habe nichts gegen *sie*, es sind die anderen. Diesmal trage ich wirklich einen schrecklichen Hut, und das ist kein Fehler, und Sie müssen mir helfen."

"Ich kann nicht."

„Ich sage dir noch einmal, dass du es musst!" rief Waring und warf sich mit einer Energie in seinen Stuhl zurück, die dieses ehrwürdige Möbelstück aufs erbärmlichste knarren ließ.

„Es gibt kein ‚Muss' in dieser Angelegenheit", erwiderte der andere ruhig, „und wenn ich in der Stimmung wäre , Witze zu machen – was ich nicht bin –, würde mich die komische Seite der Situation zum Lachen bringen." Sie wurden von Onkel Dan als mein Mentor ausgesandt, um mich auf dem Laufenden zu halten, mir von Ihrer Erfahrung zu profitieren und mich herumzuführen. War das nicht die Abmachung? Aber, Gott sei Dank", sprang er plötzlich auf und begann im Zimmer auf und ab zu gehen, „ich habe dich aus der Klemme gezerrt, seit wir auf dem Land gelandet sind!"

„Es ist ein wahrer Gesetzentwurf, oh weiser, besonnener und äußerst tugendhafter Heiliger Markus! Dies, das schwöre ich Ihnen feierlich, ist mein letzter und schlimmster Kratzer. Besorgen Sie mir einen Scheck über eine bestimmte Summe, überweisen Sie ihn an den Onkel, um ihn bei den Agenten einzureichen, und ich werde ein wirklich reformierter Charakter sein und nie wieder eine Karte anrühren, für immer und ewig, Amen."

"Und danach?"

„Anschließend werden wir den alten Mann belohnen und sein Herz erfreuen, indem wir packen und mit dem nächsten Dampfer nach Hause fahren. Er würde viele tausend Pfund dafür geben, dich wieder zurückzubekommen – du bist der Augapfel seines kleinen Schweins. Dieses Land ist nicht meiner Meinung – ich meine nicht physisch, sondern moralisch. Es ist ein entnervendes, korrumpierendes und betörendes Land. Wir werden deine Waffen und Ponys verkaufen, lieber Junge. Ich habe sie im Club aufgehängt – ich hoffe, ich habe den Wind dieser dunklen Bucht nicht gebrochen – wir werden diesen Tag in der Woche mit der Post Tonga *auf dem Weg* nach Bombay untergehen. Auch in diesem Indischen Reich gibt es Versuchungen für *Sie* . Je früher Sie sich von HG verabschieden, desto besser. Jetzt gibt es mein Programm für Sie – mein neues Blatt. Was sagen Sie dazu?"

So forsch und selbstbewusst seine Rede auch gewesen war, so war in ihrem Schluss doch eine gewisse Lahmheit unverkennbar. Waring war insgeheim unter den Augen seines Zuhörers zusammengezuckt – sein Zuhörer, der regungslos dasaß und ihn mit einem Ausdruck kühler Verachtung betrachtete.

„Das erste, was ich sagen muss, ist, dass meine Waffen und die Ponys nicht zum Verkauf stehen, oder nur der Fuchs mit den weißen Beinen."

„Toller Schotte! Du willst mir nicht sagen, dass du vorhast, drei Ponys mit nach Hause zu nehmen! Und was will man mit einem Expressgewehr und einem Elefantengewehr in England?"

„Vielleicht brauche ich sie hier draußen. Ich gehe nicht zurück nach England."

Kapitän Waring saß plötzlich aufrecht da.

„ Natürlich ist das alles Humbug und Faulheit!" rief er vehement.

"NEIN. Ich meine es ganz ernst. Ich habe vor, bei meinem Vater zu bleiben; Es ist das Richtige für mich. Er ist allein auf der Welt; sein Verstand ist schwach."

„Das gilt auch für den seines Sohnes, würde ich sagen", platzte Waring heraus und warf seine Zigarette auf die Veranda. „Besorgen Sie ihm einen Wächter – auf jeden Fall zwei Wächter; ein Babyhaus, eine Drehorgel, jeder Komfort, aber seien *Sie kein* Verrückter. Komm mit mir nach Hause. Denken Sie an Onkel Dan!"

„Ja, ich weiß sehr gut, dass Onkel Dan mich verstoßen wird; Er sagte mir, er würde es tun, wenn ich hier draußen bei meinem Vater bleiben würde."

„Verwirf dich!" schrie fast der andere. „Willst du mir sagen, dass du die Farbe seines Geldes nie wieder sehen wirst?"

"Niemals."

„Ich glaube, dass Miss Gordon etwas zu diesem Plan zu sagen hat, ebenso wie zu dieser verrückten Quixotic-Idee über Ihren Vater", rief Clarence, rot vor Aufregung. „Was das Mädchen betrifft, du musst sie gleiten lassen, *das* haben wir alle schon durchgemacht ; Aber um Himmels willen, behalten Sie den Onkel und die Münze. Du bist der einzige Sterbliche, für den er seinen Geldbeutel öffnen wird."

„Ich habe ihm geschrieben und ihm gesagt, dass ich nicht nach Hause gehe."

„Ist der Brief aufgegeben?"

Mark nickte.

„Dann", drehte er sich grimmig zu ihm um, „haben Sie Ihre Boote verbrannt."

"Ich habe."

„Du bist verrückt, wenn du mit 26 Jahren alles hinschmeißt. Du gibst dein Leben zu Hause auf –"

„Ich weiß am besten, was ich aufgebe", unterbrach sein Begleiter ungeduldig. „Ich weiß, dass ich morgen nach Hawal Ghât zurückkehre . Es bringt nichts, hier zu bleiben, und Cardozo bleibt bei meinem Vater, bis ich ihn ablöse .

Ich erledige meine Angelegenheiten und bezahle meine Diener, außer Jan Mahomed und seinem Sohn, die mit mir kommen, und morgen wende ich Shirani den Rücken."

„Kurz – scharf – und entscheidend ist das Wort", höhnte Waring mit bitterem Nachdruck. „Hast du deinen Abschied schon überwunden?" fügte er mit erbarmungsloser Bedeutung hinzu.

„Nein", wird ziemlich weiß, „noch nicht."

„Mir wurde im Club gesagt, dass du mit ihr verlobt bist. Soll *sie* Teil des neuen Systems sein? Wird die Heirat mit ihr auch unter die Rubrik „das Richtige" fallen? Äh?"

„Sie können sich Ihre Sticheleien ersparen", sagte Jervis streng. „Miss Gordon ist absolut frei. Was mich betrifft – ich werde nie heiraten."

"Oh ho!" mit einem spöttischen Lachen: „Nie ist ein langes Wort. Nun, um zu prosaischeren Dingen überzugehen: Was ist mit diesen Shirani-Scheinen und den Fünfhundert?"

„Du sollst es natürlich haben."

„Ja, Sie stehen zu Ihrem Wort, auch wenn es um eine Tracht Prügel geht. Ich werde nie den Tag vergessen, an dem der Kerl, der ein Pferd auf dem Treidelpfad misshandelte, Sie verärgerte und verspottete; Diesmal hat er den falschen Mann erwischt, und kein Fehler, armer Bettler. Er hätte nie gedacht, wie man seine Fäuste benutzen könnte. Du sahst so schlank und vornehm aus, aber du hast ihm zwei schöne schwarze Augen hinterlassen."

Mark machte eine Protestgeste. Zeit war kostbar. Welchen Sinn hatte es, irrelevante alte Geschichten zusammenzusuchen?

„Kannst du nicht wenigstens ein paar Tausend auf den Onkel zurückgreifen?" drängte Waring nach längerem Schweigen; „Es wird für ihn nicht mehr sein als ein paar Pence – und wird mich vor – vor – retten"

"Was?" fragte sein Begleiter leise.

„Von", wich er seinem durchdringenden Blick aus, „einer Menge Ärger und Sorgen."

„Ich kann ihn jetzt nicht für einen Cent mehr als die fünfhundert in Anspruch nehmen; aber ich bin sicher, er wird dir helfen, wenn du ihn siehst. Wie schnell gehst du nach Hause?"

"In einer Woche. Hallo!" Als ich anfing, „da ist das Signalhorn. Kommst du zum Abendessen vorbei?"

"NEIN; Sagen Sie dem Sergeant, er soll mir etwas schicken.

„Irgendein Champagner? Ich würde eine Flasche Roséwein aus Frankreich empfehlen. Sie werden bestimmt etwas mehr *in der Farbe Rose sehen* .“

Jervis schüttelte mit einer Miene ungeduldiger Verneinung den Kopf.

„Nun, ich muss gehen und mich umziehen; aber ich werde dich natürlich noch einmal aufsuchen, bevor du dich begibst.“

Clarence hielt sein Wort; außerdem hatte er noch keinen bestimmten Geldbetrag erhalten. Er erschien ordnungsgemäß gegen elf Uhr, ungewöhnlich gerötet und in einem Zustand ausgelassener, guter Laune . Er fand seinen ehemaligen Kameraden immer noch an ihrem gemeinsamen Schreibtisch sitzend und kritzelte Notizen und Dienstbotenzettel.

„Sie sehen aus, als würden Sie gerade Ihren letzten Willen verfassen. Du schreibst deine eigene Todesanzeige, was, alter Junge ?“ – und klopft ihm vertraut auf die Schulter. „In gewisser Hinsicht begehen Sie *Selbstmord* und begraben sich lebendig. Ich habe Ihr Kastanienpony verkauft und den Scheck bekommen – zweiundfünfzig Rupien – spottbillig.“

„Es wird dazu dienen, einige davon abzubezahlen“, sagte Mark und nickte auf die Rechnungen.

„Oh, nur ein Tropfen auf den heißen Stein“, entgegnete Clarence mit leichter Verachtung. „Aber wir können nicht unseren Kuchen haben und ihn essen“, und ignorierte dabei die Tatsache, dass er es war, der nicht nur seinen eigenen Kuchen, sondern auch den des anderen Mannes verschlungen hatte.

„Hier ist der Scheck über fünfhundert Pfund“, sagte Mark und zog sein Scheckbuch hervor. „Ich habe Onkel Dan vor einiger Zeit gesagt, dass ich es zeichnen würde, damit es gut wird.“ – er schrieb schnell und überreichte es. „Hier werden alle Rechnungen beglichen – Unordnung, Miete und Geschäfte; oder“ – ich behalte es immer noch – „soll *ich* es behalten und ihnen bezahlen? Ich kann das Geld per Post schicken.“

Waring warf einen Blick auf den Zettel, den er ihm hinhielt. Seine Augen leuchteten in einem seltsamen Licht; Seine Stimme war heiser, als er eifrig antwortete: „Nein, nein; Sie können sich auf mich verlassen. Ich werde bis zum Ende des Kapitels Zahlmeister sein“, und er griff etwas überstürzt nach dem Scheck.

„Und Sie werden davon keinen anderen Gebrauch machen, als unsere gemeinsamen Schulden zu begleichen? Das versprichst du mir, Clarence?“ Er sprach mit einem Hauch kühler Autorität. „Euer Ehren , Waring?“

„Auf mein Wort und meine Ehre . Wofür hältst du mich, alter Mann? Ich werde es hier in der Schatzkammer einlösen lassen , alle Rechnungen wie ein Gentleman bezahlen und Ihnen die Quittungen schicken. Ich hoffe, das wird Ihnen gefallen?"

„Ja, das geht natürlich; und denken Sie daran, sie sofort zu regeln."

„Ich habe gehört, dass der alte Double Gloster und Miss Paske verlobt sind", sagte Clarence und wechselte hastig das Thema.

"Sind sie?" gleichgültig. Was war für ihn jetzt eine Neuigkeit von Shirani?

„Und es gibt in Indien keine Straße, die breit genug für Tante Ida ist. Nun, Mark, es tut mir leid, dass du so eigensinnig bist. Du warst immer ein bisschen hart im Mund, obwohl du nie über die Spuren getreten hast. Du warst ein Volltreffer, muss ich sagen. Um wie viel Uhr hast du morgen frei?"

„Gegen sieben Uhr."

„Dann denke ich, dass ich gute Nacht sagen werde. Du siehst ziemlich erschöpft aus, und du solltest lieber nachgeben. „Das" – nickend – „ ist kein Abschied; Ich werde es mir zur Aufgabe machen, dich morgen früh zu sehen."

Dennoch stand Mark aufrecht da und streckte schweigend seine Hand aus.

Wie blass er aussah; wie abgenutzt und abgemagert war er geworden! Clarence spürte intuitiv, dass dies ihr letztes Interview war; etwas Undefinierbares versicherte ihm, dass sie sich nie wieder gegenüberstehen würden.

Er empfand eine außergewöhnliche Mischung aus Bedauern und Erleichterung. Jervis hatte eine Art Gewissen repräsentiert. Sein Beispiel, sein unangenehm strenger Ehrstandard und sein ruhiger Blick hatten ihn davon abgehalten, viele Dinge zu tun , die er nicht hätte tun sollen. Markus war ein junger Heiliger, ein Held; Ja, Miss Valpy hatte recht, er hatte das Gesicht eines solchen. Es war die Tat eines Helden, auf die Welt, den Reichtum und die Liebe zu verzichten – manchmal gleichbedeutend mit dem Fleisch und dem Teufel – und sein Leben einem verrückten alten Mann zu widmen. Er war ein cooler, zuverlässiger Kamerad, der mit der Zunge, dem Arm oder dem Gewehr bereit war. Es stimmte, dass er ihn aus mehreren schlimmen Schicksalsschlägen befreit hatte, und dieser Scheck über fünfhundert Pfund, der jetzt in seiner Westentasche steckte, würde ihn aus der schlimmsten aller Schicksalsschläge befreien!

Er wartete, bis er sah, wie Mark sein Zimmer betrat und die Tür schloss, und schlüpfte dann zurück in den Club, um „Snooker" und Black Pool zu spielen.

Er war erst um drei Uhr morgens zu Hause; und als er gegen Mittag
aufwachte und nach seinem Träger und seinem Tee rief, wurde ihm
mitgeteilt, dass der „ Chotah Sahib", wie die Diener Jervis nannten, „viele
Stunden weg war".

KAPITEL XXXVI.
"AUF NIMMER WIEDERSEHEN! Auf Wiedersehen, auf Wiedersehen!"

Es war ungefähr acht Uhr morgens, und als Mrs. Brande die letzten Handgriffe an ihrer Toilette machte, war sie sich sicher, dass sie auf der Veranda die Stimme eines Mannes (eines Gentlemans) hörte. Pelham war von zu Hause; Wer könnte es zu dieser Stunde sein? Jemand kommt wegen „ Chotah “. Hazree .“ Nun, Honor würde sich um ihn kümmern! Zehn Minuten später kam sie heraus, ein frisch entfaltetes Taschentuch in der Hand schwenkend, und schnappte vor Freude nach Luft, als sie Mark Jervis erkannte. Er lehnte an der Steinsäule der Veranda und redete ernst mit ihrer Nichte, und sein Pony wartete an der Treppe.

„Ja, ich erkläre, das *ist* ein Vergnügen“, rief sie; "eine Augenweide! Wo hast du dich diese zehn Tage versteckt ?“

Doch irgendwie wurde ihre überschwängliche Freude sofort gelöscht, als sie die Gesichter der beiden jungen Leute erblickte. Mark sah seltsam aufgeregt aus und als hätte er sich gerade erst von einer fast tödlichen Krankheit erholt. Honor, ihre strahlende, glückliche Honor, war so lächelnlos und weiß wie der Tod.

„Ich bin gekommen“, sagte Jervis und trat mit ausgestreckter Hand vor, „um mich zu verabschieden.“

„Lieber, Schatz, Schatz!“ winkte seinen Gruß ab. „Sie haben nicht gesagt: ‚Wie geht es Ihnen?‘ mir noch!“

„Nein, ich fürchte, ich bin heute sehr dumm. Ich habe nicht die Absicht, irgendwelche Geheimnisse vor Ihnen zu haben, Mrs. Brande.“

„Oh, ich kenne dein Geheimnis, das weiß auch jeder “, nickte er. „Ich denke, Sie hätten uns vielleicht einen *kleinen Hinweis* gegeben .“

„Du meinst wegen des Geldes; und ich hätte es getan, nur wären mir die Hände gebunden.“

„Und dein schlauer Cousin hat es nie anmerken lassen!“

„Nein, aber das ist nicht das, was ich dir sagen muss —“

„Dann kommen Sie in den Salon, setzen Sie sich wie ein Christ und schicken Sie das Pony herum.“

Er schüttelte nachdrücklich den Kopf und sagte: „Ich kann nur kurz warten. Ich gehe jetzt an einen vierzig Meilen entfernten Ort, um bei meinem Vater zu leben."

"Dein Vater!" wiederholte sie ungläubig.

„Ja, mein Onkel hat mich adoptiert, als mein Vater wieder geheiratet hat. Mein Vater ist Major Jervis, er lebt seit einigen Jahren in diesen Hügeln. Bis vor kurzem wusste ich nie, wo er war. Am Abend des Balls, als er mich holen ließ, glaubte er, er liege im Sterben, und ich machte mich sofort auf den Weg – ich fand ihn sehr krank, ganz allein und verlassen. Ich werde ihm für den Rest seiner Tage Gesellschaft leisten. Sehen Sie, er hat niemanden auf der Welt, der ihm gehört, außer mir."

„Nun, ich erkläre es!" sagte Frau Brande nach einer Pause. „Es ist furchtbar nett von dir, das muss ich sagen; aber wenn du der Adoptivsohn deines Onkels bist, wie wird *er* es dann aufnehmen?"

„Ich habe große Angst, aber ich kann nicht an zwei Orten sein; Mein Onkel hat eine Frau, jede Menge Freunde, Geld und eine erstklassige Gesundheit."

„Lass deinen Vater nach Shirani kommen; wir werden ihn aufstellen; und warum bringt man ihn nicht dazu, nach Hause zu gehen?"

„Es hätte keinen Zweck, ihn zu einem der beiden Schritte zu drängen; Er ist ein fester Bestandteil seines jetzigen Zuhauses, solange er lebt."

„Na ja, zumindest kommst du oft vorbei und besuchst uns – *du* bist kein fester Bestandteil!" sie drängte eifrig.

"Frau. Brande, du bist sehr gut – ich werde deine ganze Freundlichkeit mir gegenüber nie vergessen – aber soweit ich sehen kann, werde ich nie wieder nach Shirani zurückkehren. Mein Vater konnte mich nicht entbehren, aus einem Grund – und aus einem anderen", und seine Stimme klang voller Leidenschaft, als er hinzufügte: „Ich konnte es nicht ertragen. Stellen Sie sich mich als Begleiter eines Kranken vor, der jede Minute in Anspruch nimmt", und hier klangen seine Worte etwas heiser. "Bring mich nicht in Versuchung."

„Oh, Mark, mein Junge, es tut mir so leid!" sie rief aus; „zu denken, dass dies ein Abschied ist – dass wir dich nicht wiedersehen werden."

Mark sagte sich, dass diese sogenannte unzüchtige, vulgäre Frau die Nachricht von der Zerstörung des Vermögens ihrer Nichte auf eine Weise aufgenommen hatte, die keine Herzogin hätte übertreffen können. Anscheinend war es nicht der Verlust von Positionen, Tausende pro Jahr, der sie zerrissen hatte – das hatte sie mit wunderbarem Stoizismus ertragen –, es war der Verlust von Mark selbst!

„Sie wissen natürlich, was meine Hoffnungen waren", sagte er und blickte zu
Honor, die am anderen Ende der Veranda stand und auf was –? „Sie haben
jetzt ein Ende. Einige Erklärungen sind Ihnen und Herrn Brande zu
verdanken, und ich werde Ihnen schreiben. Sie muss nie *alles wissen* . Lassen
Sie die Menschen in Shirani annehmen, was sie wollen, solange es sich nicht
auf *sie auswirkt* . Unser Engagement wurde nie aufgelöst – es war nur eine
Frage von Stunden. Mein Vater ist eigenartig, er möchte seinen Namen und
seine Existenz geheim halten – Sie werden später alles verstehen."

„Ich erinnere mich gut an ihn", sagte Frau Brande; „So ein hübscher Kerl,
so gesellschaftsliebend und so beliebt. Seine zweite Frau – ich habe sie
gesehen – eine dunkle Person, mit – Nun, sie ist tot; lass sie ruhen. Oh, Mark,
ich nehme an, das muss sein. Aber gibt es nicht einen Ausweg, eine Lücke,
eine Alternative? Sicherlich würden Sie meine arme Ehre und sich selbst
nicht umsonst opfern?" Und ihre immer noch hübschen blauen Augen
schwammen in Tränen.

„Nein, Mrs. Brande, da können Sie sich auf mich verlassen. An der Ehre
festhalten – ich gebe die Ehre auf. Darf sie mit mir bis zum Tor kommen?"

„Ja, das kann sie sicherlich."

„Und gib mir etwas – du hast kein Foto, ich weiß – nur um zu zeigen, dass
wir uns trennen, Freunde?" Und er sah sie bittend an.

Mrs. Brande, die geweint hatte, wischte sich absichtlich die Augen, warf beide
Arme um seinen Hals und küsste ihn. Diesmal war es keine bloße spielerische
Drohung! Der Dirzee , der gerade angekommen war und langsam seine
Matte entfaltete, konnte seinen Sinnen kaum trauen. Er erzählte den Skandal
an diesem Abend auf dem Basar und wurde für seine Mühen bis zur
Verachtung ausgelacht!

Das junge Paar, dicht gefolgt von Syce und Pony, ging langsam zum Tor; Ja,
und die Straße hinauf.

„Ich habe kaum darüber nachgedacht, wie ich dich das nächste Mal sehen
sollte und was ich dir sagen sollte, als wir uns das letzte Mal an diesem Tor
trennten", sagte er schließlich.

„Ich weiß, dass du ein Vermögen und großartige Aussichten aufgibst, Mark,
weil du merkst, dass deine Pflicht hier draußen liegt; Du gibst die Welt auf
und gehst in die Verbannung. Aber, Mark, ich bereite dich darauf vor, dass
ich etwas sagen werde" – sie schnappte nach Luft – „ das mich in deinen
Augen senken könnte; Trotzdem werde ich es wagen. Du brauchst *mich* doch
sicher nicht aufzugeben . Bitte" – er sprach mit Nachdruck – „ hören Sie
meine Gründe." Ich bin ein sehr ruhiges Leben zu Hause gewohnt. Ich bin

in Armut aufgewachsen; Ich werde die Frau eines großartigen armen Mannes sein. Sie sagen, die Angelegenheiten Ihres Vaters seien in einem schrecklichen Durcheinander, und er habe nur eine Rente. Ich kann ihn pflegen, ihm vorlesen, mit ihm ausgehen und ihn unterhalten; Ich werde sehr gut zu deinem Vater sein. Ich will keine Gesellschaft oder neue Kleider oder irgendetwas oder irgendjemanden – außer dir, Mark. Ich weiß, dass ich beschämend dreist und unmädchenhaft bin – es würde Mrs. Grundy umbringen, mich anzuhören –, aber ich glaube, Sie denken, dass ich mich um Ihr langweiliges, einsames Dschungelleben kümmern werde; dass ich vor der Armut zurückschrecke. Sie irren sich völlig; Ich werde es mit dir genießen. Sag nicht „Nein", Mark, auch wenn wir warten müssen. Ich bin bereit zu warten – zehn, zwanzig Jahre, dreißig Jahre", schloss diese rücksichtslose junge Frau.

Sie wartete jetzt auf seine Antwort, bleich und zitternd vor der Kraft ihrer eigenen Emotionen.

„Ehre, ich weiß, dass Sie Mitleid mit mir haben werden", begann er schließlich, „Mitleid mit mir haben, wenn ich Ihnen sage, dass ich ‚Nein' sagen muss." Ich muss dieses Leben alleine meistern. Gott segne dich und schenke dir einen doppelten Anteil am Glück – dein eigenes und das, was meins hätte sein können. „Ich habe in letzter Zeit etwas gelernt" – und sein blasses Gesicht wurde aschgrau – „ das mich daran hindern wird, jemals eine Frau ‚Frau' zu nennen." Das Opfer, das ich bringen muss, ist bitter; ja, bitter wie der Tod. Ich werde dich nicht opfern; Du musst mich vergessen, Liebling. Du hast dein ganzes junges Leben vor dir; vertreibe mich aus deinem Kopf – allmählich, traurig, zärtlich – als ob ich tot wäre."

„Das werde ich nie tun, Mark. Sag mir; Darf ich Ihnen schreiben?"

"NEIN!" war die unerwartetste und erschreckendste Antwort.

„Aber ja, als deine Schwester?" sie flehte kühn.

Er schüttelte den Kopf.

„Ich könnte dich nie als meine Schwester betrachten."

„Willst du mir wenigstens deine Adresse geben? Einst hätten wir unser Leben zusammen verbringen sollen; Jetzt weiß ich vielleicht nicht einmal, wofür ich dich als deinen ausgeben soll."

„Du solltest besser gar nicht an mich denken", antwortete er mit zitternder Stimme.

„Ich muss und ich werde. Sei schnell und sag es mir.“

„Mein Vater nennt sich Mr. Jones; Er lebt jenseits von Hawal Ghât , etwa vierzig Meilen entfernt, und ich muss vor Einbruch der Dunkelheit bei ihm sein. Übrigens habe ich Ihren Fächer behalten; Es mag seltsam erscheinen, aber Sie werden es verstehen. Und jetzt muss ich gehen.“

Als er das Geräusch klappernder Hufe und fröhlich lachender Stimmen hörte, die sich schnell näherten, hielt er ihre Hand für eine Sekunde in seiner und ließ sie dann fallen. Dann eilte der Syce mit dem Pony vorwärts, er bestieg sein Pferd und galoppierte davon. Nein – er hat nie zurückgeschaut.

Honor stand einen Moment lang wie in einer Art Trance da; dann drehte sie sich um und lehnte sich gegen die Paläste, die einen Kiefernwald begrenzten, der zur Straße hin abfiel. Die fröhliche Reitergruppe, die vorbeigaloppierte, wunderte sich eher, Miss Gordon ohne Hut zu sehen, die offenbar im Wald nach etwas suchte. Sie hatten keine Zeit, anzuhalten und sie zu fragen, was sie verloren hatte?

Sie wären ziemlich erstaunt gewesen, wenn sie die Wahrheit erfahren hätten – dass sie in diesem Moment ihren Geliebten verloren hatte – und zwar für immer . Sie hätten eine solche Tragödie vielleicht erraten, wenn sie ihr bleiches Gesicht und den Ausdruck der geballten Hände gesehen hätten, die die Zaunpfähle umklammerten. Aber sie sahen weder einen Zusammenhang noch vermuteten sie einen Zusammenhang zwischen Miss Gordons Blick in einen Wald und einer kurzen Vision eines jungen Burschen auf einem braunen Pony, der einen Seitenweg heraufgehuscht war, bevor sie Mensch oder Tier identifizieren konnten.

Honor ging mit völlig farblosem Gesicht auf ihre Tante zu, die immer noch leise im Wohnzimmer schluchzte, ihre Hand auf ihre Schulter stützte und mit seltsam emotionsloser Stimme sagte:

„Es ist alles vorbei, Tante. Wir haben uns für immer verabschiedet .“

Sie bückte sich und küsste sie und schloss sich in ihrem eigenen Zimmer ein, aus dem sie mehrere Stunden lang nicht herauskam. und dann war das Mädchen, das auftauchte, eine andere Honor Gordon.

KAPITEL XXXVII.
DER SOHN UND DER ERBE.

„Ich hätte nie erwartet, dich wiederzusehen", rief Fernandez, als er mit einer Serviette über dem Arm und einer Lampe über seinem runden schwarzen Kopf Jervis musterte, der steif von seinem Pony abstieg.

"Warum nicht?" fragte der Reisende , als er die Stufen hinaufstieg.

„ *Warum* nicht, mein Lieber. Wenn ich an deiner Stelle gewesen wäre, hättest du *mich* nie wieder gesehen . Ich hätte meinen *Jawab genommen* . Du bist ein junger Mann unter Tausenden." Und er klopfte ihm liebevoll auf die Schulter.

„Überhaupt nicht" – er folgte ihm ins Esszimmer, wo die Reste einer ausgezeichneten Mahlzeit auf dem Tisch lagen – „ Ich bin einfach ein junger Mann, der mein Wort hält."

Fernandez mag sich selbst getäuscht haben, aber die Chancen standen gut, dass seine eigene Einschätzung seines Charakters richtig war. Es gibt viel in der Vererbung! Er stammte aus einer lockeren, üppigen und flüchtigen Familie, wie sein weiches, fettes Gesicht, sein lockerer Mund und sein fröhlicher, aber unsicherer Blick zeigten. Sein Gefährte stammte aus einer anderen und stärkeren Nation; sein Charakter wurde in eine strengere Form gegossen ; Er war der Spross einer Soldatenrasse, die für eine Sache gekämpft, gelitten und gestorben war. Jervis' kantiges Kinn, sein entschlossener Blick und seine schmalen, schmalen Lippen erzählten eine Geschichte davon, wo das Fleisch gegen den Geist gekämpft und sich *nicht* durchgesetzt hatte.

„Wie geht es meinem Vater?" fragte er, bevor er sich setzte.

„Völlig gut – das heißt, sein Verstand. Er hat den ganzen Tag mit dem Fernglas nach dir gesucht. Er war müde und ging früh zu Bett. Er sagte, er wisse, dass du morgen früh hier sein würdest. Wenn du ihn im Stich gelassen *hättest* , ich weiß nicht, wie es gewesen wäre" – er berührte bedeutungsvoll seine Stirn.

Fernandez gestikulierte ununterbrochen mit zwei kleinen, rundlichen, zart geformten Händen, an denen Ringe von großem Wert blitzten und auf die er ebenso stolz war.

Er spielte die Rolle des Gastgebers für den Sohn des Hauses, drängte ihn ängstlich, Leckereien zu essen und Champagner zu trinken, und war äußerst redselig und vertraulich. Der blasse und erschöpft aussehende Reisende aß nur wenig und untermauerte seine Unterhaltung mit einsilbigen Worten, während Herr Cardozo ausführlich über seine verstorbene Cousine sprach und ein etwas düsteres Licht auf ihr Eheleben warf.

„Oh ja, Mércèdes war sehr großzügig und gastfreundlich und sah nicht schlecht aus – nein, wenn sie sich nicht mit einer Maske aus Perlenpuder entstellte; aber sie war furchtbar verschwenderisch, so faszinierend wie ihre Großmutter und so eifersüchtig wie" – sofort fehlten ihm die Worte für ein Gleichnis, und nach einer beträchtlichen Pause fügte er hinzu – „ der Teufel. " Nein, der arme Major hatte seine eigenen Probleme. Er könnte nicht mit einer anderen Frau sprechen; er war gutaussehend und beliebt und hatte ein einnehmendes Auftreten; er konnte nichts dagegen tun. Aber sie hat einige schreckliche Szenen gemacht."

"Hat sie?" antwortete Jervis mit der provozierenden Gleichgültigkeit eines jungen Mannes, für den häusliche „Szenen" nur eine Redewendung sind.

„Ja, es gibt viel für das Zenana-System zu sagen " , fuhr Fernandez feierlich fort. „Es gibt keine offenen Skandale, keine Hysterie auf Bällen, keine Ohrfeigen anderer Damen auf Dinnerpartys, keine Herabwürdigung eines Mannes vor seinen Kameraden. Mércèdes achtete darauf, selbst nie klein auszusehen. Sie mietete immer den größten Bungalow in einem Bahnhof und ließ ihn außen nach ihrem Geschmack färben – meist war er rosa und weiß, wie ein Weihnachtskuchen! Sie hatte einen Tag der offenen Tür und etwa fünfzig Bedienstete. Sie saß gern hinter vier Prügelpferden – der Major war eine echte Peitsche. Und was ihre Diamanten betrifft – sie leuchteten wie ein Katharinenrad. Sie überließ dem Major alle Juwelen auf Lebenszeit, zum Spott, denn sie nützen ihm nichts, er kann keinen Stein verkaufen; aber ich kann und werde es nach und nach tun. Die einheimischen Juwelen sind mehrere Millionen Dollar wert. Die meisten davon liegen auf der Bank in Kalkutta; aber es gibt ein paar hier in einem Safe – juwelenbesetzte Dolche, Pferdepistolen, goldene Streitäxte, Betrügerbüchsen. Es gibt eine Halskette aus Smaragden und Rubinen mit Perlenquasten im Wert von fünfzigtausend Rupien und einen Sirpesh oder Stirnschmuck, besetzt mit riesigen Rubinen, der angeblich Ahmed gehörte, dem letzten einheimischen Eroberer Indiens –"

Diese Beschreibungen rollten Fernandez aus seiner fließenden Zunge, als ihm klar wurde, dass er mit tauben Ohren sprach. Was würde diesen seltsamen, zerstreuten jungen Mann aufrütteln – die Erwähnung von Geld?

„Die Juwelen interessieren Sie, wie ich sehe, nicht", rief er aus; „Aber ich muss dir etwas über das Einkommen deines Vaters erzählen."

Freiberuflers mit festem Blick an und nickte zustimmend.

„ Mércèdes machte ihr Testament in einem Wutanfall; Sie hatte Dutzende gemacht und widerrufen. Da sie jedoch plötzlich abgeschnitten wurde, musste diese stehen bleiben. Sie hinterließ mir, ihrem Alleinerben, ein schönes gegenwärtiges Einkommen – *alles* nach dem Tod Ihres Vaters. Er hat tausend Pfund pro Jahr, solange er lebt oder bis er heiratet, und bis jetzt wird das Geld weggeworfen und verschwendet; es geht zu Hunderten an Blutsauger und Mitläufer – an jeden außer dem Besitzer. Wenn er einen seiner schlechten Angriffe hat, wird er einen Scheck für die Bitte ziehen. Prinzipienlose Händler haben Rechnungen für Artikel eingeschickt, die nie hier angekommen sind. In einer der Abstellkammern befinden sich jedoch vierhundert Militärsättel und etwa neunhundert Paar lange Stiefel. Er stellt nämlich ein Regiment auf, wenn er nicht in einem seiner melancholischen Anfälle ist. Eine Menge Geld klebt an Fuzzils schmierigen Händen."

„ Das sollte ich annehmen; aber das ist vorbei."

„Es gibt ein Lepradorf, das hauptsächlich vom Major in seinen klaren Phasen unterstützt wird. Die Bettler und Aussätzigen kommen am Sonntag zusammen, um Almosen zu spenden. Es ist eine großartige Wohltätigkeitsorganisation."

"Ja; Das ist mehr, als wir von Fuzzil sagen können " – mit einem mechanischen Lächeln.

„Nun, ich reise morgen ab; „Meine Frau erwartet mich", fuhr Cardozo munter fort.

„Dann bist du verheiratet!" rief der andere mit uneingeschränkter Überraschung.

„Nein, ich sehe nicht so aus, oder? Aber ich habe mit achtzehn geheiratet – umso dümmer ich! –, ein hübsches kleines Mädchen, das man fast umhauen konnte. Ja; und jetzt wiegt sie sechzehn Kilo. Sie hat einen sehr schlechten Gesundheitszustand und geht selten aus, obwohl ich eine schöne Kutsche und Pferde für sie habe. Ihr ist alles egal, solange sie ihren Priester, ihren Arzt, ihre Freundinnen hat, die ihr den ganzen Klatsch erzählen, und ihren Kaffee. Oh, sie legt großen Wert auf ihren Kaffee. Sie mag keine Kleidung, keinen Schmuck oder Show; In der Tat, die arme Frau, sie ist zu unhandlich, um sich anzuziehen und umherzugehen. Jetzt bin *ich* ein Mann der Gesellschaft;" und er warf sich mit einem Lächeln übertriebener Überlegenheit zurück. „Ich kümmere mich um das Anwesen, laufe oft nach Mussouri , ich habe viele Freunde. Ich wette ein bisschen, ich spiele Billard, ich tanze leidenschaftlich gerne. Ich schätze ein gutes Abendessen und eine hübsche Frau – und hübsche Frauen schätzen *mich* . Oh ja!"

Er schloss die Augen halb und schnaufte und blinzelte abwechselnd mit einem Ausdruck unbeschreiblicher Zufriedenheit. Es war alles, was sein

Gegenüber tun konnte, um seine Miene zu bewahren; tatsächlich war er nicht ganz erfolgreich.

„Oh, du darfst lachen!" rief Herr Cardozo mit vollkommener guter Laune aus . „Andere Männer lachen auch; aber *ich* gewinne – ich gehe hinein", schloss er mit einer Miene überragender Selbstgefälligkeit.

Mark blickte seinen kleinen, kräftigen, schlanken Begleiter leidenschaftslos an. Er war dick und vierzig, verweichlicht und eitel; aber dann war er wohlhabend und gutmütig. Waren das die Eigenschaften, die Frauen am stärksten ansprechen?

„Ich bin ein großartiger Damenmann , das versichere ich Ihnen. Ich könnte dir Briefe zeigen –"

Jervis machte eine Geste verzweifelten Widerspruchs.

„Bah, bah, bah! Du weißt ganz genau, dass du *selbst* schon fünfzig Liebesaffären hattest ."

„Wenn ich es getan hätte, würde ich sie für mich behalten."

„Das ist eine Brüskierung" – mit schallendem Gelächter. „Und du *würdest* ; Sie sind ein enger Kerl, würde ich sagen. Nun, ich bin es nicht; Ich rede gerne über meine Erfahrungen."

„Natürlich mit Frau Cardozo."

"Frau. Cardozo weiß, dass in *mir* nichts Schlimmes steckt ; aber ich muss meine eigenen Freunde haben, genau wie sie ihre hat." Und er streckte seinen Arm aus und betrachtete verliebt einen schlanken goldenen Armreif. „Ich nehme an" – mit einem selbstbewussten Lächeln – „ Sie besitzen keins?"

"Großtante! Ich sollte nicht denken. Trägst du auch eine Halskette?"

Herr Cardozo, der zweifellos die Seele der guten Laune war , brach erneut in brüllendes Gelächter aus; und Fuzzil , der an der Tür lauschte, berichtete, dass „der Kala Sahib und die anderen wie Brüder redeten."

"Gut gut; Genieße das Leben, solange du kannst – das ist *mein* Motto." Und er trank einen Schuss Madeira und schmatzte hörbar. „Sie brauchen nicht schockiert zu sein; Ich werde mich ihr Leben lang bestmöglich um Maria kümmern, und wenn sie stirbt, werde ich wieder heiraten – wahrscheinlich ein junges Mädchen."

Mark gab keinen Kommentar ab, da keiner erforderlich war.

„Ja, ich genieße das Leben. Und du; Was wirst du hier tun? Warten Sie" – mit einer dramatischen Geste – „ Ich werde meine eigene Frage

beantworten." Entweder dies" – er hielt ein Glas an die Lippen – „ oder dies"
– er fuhr mit der Hand bedeutungsvoll über seine Kehle.

„Satan findet immer noch Unheil

Für müßige Hände.

„Ich habe alle Hände voll zu tun", entgegnete der andere entschlossen. „Ich
habe vor, große Reformen durchzuführen. Ich werde den Inlandshaushalt
verwalten; Ich werde Fuzzil und seinen Clan loswerden ."

„Ho, ho, ho! Sie werden Sonne, Mond und Sterne genauso leicht loswerden.
Er ist eine feste Größe; er ist schon seit Jahren hier. Sein Bruder ist
Khitmatgar; sein Vater ist Koch; Sein Onkel ist Dhobie . Oh, Fuzzil hat in
seinen Wurzeln geschlagen; er weiß, wann es ihm gut geht."

„Und ich weiß, wenn es uns *nicht* gut geht. Er ist ein spielender, betrunkener,
unverschämter Grobian. Verwurzelt, sagst du! Ich werde ihn mit Wurzel *und
Zweig* austreiben ."

„Du wirst sehr stark sein, wenn du das tust", erwiderte Fernandez und blickte
zwischen seinen Wimpern auf den dürren, strenggesichtigen jungen Mann
auf der anderen Seite des Tisches, der fortfuhr:

„Ich werde mich darauf verlassen, dass du mir einen anständigen Koch
schickst. Ich werde meinen Träger an die Spitze des Stabes stellen; sein Sohn
wird meinen Vater begleiten."

„Sie werden dich natürlich ausrauben", bemerkte Cardozo achselzuckend.

"Das bezweifle ich. Aber wenn sie es tun, dann auf ruhige und respektable
Weise – nicht unanständig und extravagant – und in keinem großen Ausmaß.
Das Geld wird durch meine Hände gehen. Die Mallees müssen lernen, dass
sie keinen mietfreien Garten mehr und keinen Lohn mehr für ihre
Selbstständigkeit erhalten. Wir werden neue Möbel haben, das Haus reinigen
und ausräumen, einen täglichen Tag , Papiere, Bücher und ein Pony für
meinen Vater."

„Das alles wirst du niemals tun – niemals. Ich wünsche dir viel Erfolg, weißt
du" – er nickte ihm zu – „ aber die Mühen des Herkules, die Reinigung der
Augias-Ställe, waren für deine Aufgabe nur ein Scherz. Kommen Sie, ich bin
ein sportlicher Kerl; Ich wette fünfzig zu zwanzig Rupien, dass ich, wenn ich
in ein paar Monaten zurückkomme, nur um zu sehen, ob du noch lebst,
unseren Freund Fuzzil und die Ziegen, alten Hexen, Kinder und Hühner *im
Status quo vorfinden werde* ."

Jervis schüttelte den Kopf; er war nicht in der Stimmung zu wetten oder zu scherzen. Das Leben war real, das Leben war ernst – düsterer Ernst, jetzt mit ihm.

„Na, ta-ta! Es ist fast zwölf Uhr und ich muss früh aufbrechen", sagte Herr Cardozo, erhob sich und winkte mit einem Gähnen, das seinen Kopf in zwei Teile zu teilen schien, mit seiner Lieblingshand und seinem Ring zum Abschied. und stolzierte ins Bett.

Aber Mark Jervis war stärker als der schlaffe, emotionale und selbstgefällige Fernandez; und nach einem verzweifelten Kampf führte er seine Pläne aus. Der verzweifelte Kampf seitens des nichtsnutzigen Gefolges seines Vaters. Als er Fuzzil in einem kurzen Satz mitteilte, dass er seine Dienste nicht länger benötigte, schien Fuzzil seinen Ohren nicht zu trauen. Er blies seine dicken Wangen auf und nahm eine trotzige Haltung ein, als er mit verschränkten Armen und auf der Seite geneigtem Kopf sagte:

„Du bist nicht mein Meister. Ich nehme keine Befehle entgegen."

„Ich bin jetzt dein Meister", sagte Jervis.

„Ich gehe nie. Das ist Mr. Cardozos Haus."

"In der Tat! Ich denke, er wäre überrascht, das zu hören; und Sie werden feststellen, dass Sie sich irren. Sie haben aus dieser Situation ein sehr gutes Geschäft gemacht. Ihre Zeit ist abgelaufen und Sie brechen morgen auf.

Mahomed, der Träger, und seine Gefolgschaft trafen ein und es folgte eine großartige Verwandlungsszene. Einige alte Frauen auf dem Gelände und in den Ställen mussten körperlich und laut kreischend mit ihren Betten, Kochutensilien und anderem Gepäck hinausgetragen werden – die Sammlung jahrelanger Diebstähle – wie die Nester vieler Elstern. Fuzzil selbst musste ebenfalls beim Verlassen des Geländes unterstützt werden, da er extrem betrunken war, seinen Turban schief trug und mit stotterndem, schäumendem Mund wilde Racheschreie ausstieß. Und dann trat das neue *Regime* in Kraft. Das Haus wurde einem umfassenden Frühjahrsputz unterzogen; Sonne und Luft gelangten in staubige alte verschlossene Räume – Räume, die in Form ihres Inhalts viele Überraschungen boten; eine Mischung aus den Eigenschaften von Ost und West – alte Howdahs und silberne Pferdegeschirre, rostige Schwerter und Speere, Heiligenbilder, Weihwasserstände, Kruzifixe, Bilder, Tulwars, Hauben, Betelnusskisten, Wasserpfeifen, Rüstungen . Tatsächlich handelte es sich um eine Kombination aus einem einheimischen „ Tosha-Khana " oder Garderobenraum, einem Oratorium und einem Pfandleihhaus.

Staub, Dreck, Spinnweben und Ziegen, Zicklein und Geflügel wurden herausgefegt. Haushaltswäsche, Glas, Geschirr und Teppiche wurden ersetzt

– Geld und die Telegrafendrähte können Großes bewirken – Wände wurden
weiß getüncht, Fenster geputzt, Dschungel abgeholzt. So wurde Ordnung
und Energie in jede Abteilung gebracht. Das „Pela Kothi" war zwar schäbig,
aber ordentlich und fröhlich. Die Mahlzeiten waren gut und wurden von
schneebedeckten Dienern serviert; Auf dem Tisch waren tatsächlich Blumen
und Früchte zu sehen. Es gab eine tägliche Post, Bücher, Zeitschriften und
ein stabiles Pferd, das Major Jervis trug. Aber er humpelte lieber auf dem
Arm seines Sohnes hundertmal die Terrasse auf und ab, erzählte von alten
Zeiten und notierte jede Wendung mit einer Bohne. Er war bereits ein
anderer Mann, zumindest für einen Moment aus seiner Benommenheit
erwacht; Er interessierte sich für die Nachrichten des Tages, für den Garten
und vor allem für seine Rentner, die Aussätzigen.

Der junge Reformator, der all diese Veränderungen herbeigeführt hatte, hatte
hart gearbeitet, unaufhörlich von morgens bis abends. Er hatte das Gefühl,
dass die unaufhörliche Beschäftigung seine einzige Zuflucht sei; er wagte es
nicht, sich Zeit zum Nachdenken zu lassen. Er wanderte über die Hügel eines
Nachmittags, wenn die Arbeit seines Tages erledigt war, ging, bis er so völlig
erschöpft war, dass er wie ein Murmeltier sicher schlafen konnte und vor
allem sicher war vor dem, wovor er sich am meisten fürchtete: Träume.

KAPITEL XXXVIII.
DIE STIMME IM VERURTEILTEN KANTON.

Der verurteilte Kanton übte auf Mark Jervis eine außerordentliche Faszination aus, und er machte oft einen beträchtlichen Umweg, um auf dem Weg nach Hause zurückzukehren, der durch diesen schönen, aber melancholischen Ort führte. Die Welt hatte sie aus einem guten Grund verlassen – er hatte die Welt aus einem guten Grund verlassen, sie hatten in ihrer Isolation etwas gemeinsam. Er kannte die Kasernen, die Kantine, die verfallenen Bungalows, ihre wilden, verworrenen Gärten, in denen Blumen und Bäume verzweifelt gegen die Ausrottung durch wilde Cousins und entfernte wilde Verwandte kämpften. Apfel- und Rosenbäume konnten sich noch behaupten, Heliotrop und Geranien waren jedoch längst unterlegen. Der Kirchhof war sein ständiger Aufenthaltsort, er kannte die Namen und kurzen Geschichten auf den Grabsteinen, Grabsteinen, Kreuzen und nicht wenigen riesigen quadratischen Gräbern, wie sie für alte indische Friedhöfe typisch zu sein scheinen. Es war, als ob ein kleines Haus oder eine Leichenkapelle über den Verstorbenen errichtet worden wäre, und je aufrichtiger getrauert wurde, desto größer ragten diese großen, dunklen, wettergefleckten Bauten auf! Es gab ein großes und stattliches Gebäude, das dem Andenken an die neunzehnjährige Constance Herbert gewidmet war. Was hatte die arme Constance getan, um es zu verdienen, mit so vielen Tonnen Mauerwerk belastet zu werden? Die Inschrift wurde gelöscht. Es gab einen weiteren Sarkophag, der über den Überresten eines Mannes errichtet wurde, der bei einem Sturz aus einem Abgrund ums Leben kam; und ein Grab von der Größe einer gewöhnlichen Torhütte wurde zum Gedenken an einen Säugling im Alter von achtzehn Monaten errichtet.

Eines Abends stieg Mark nach einem langen und sehr unregelmäßigen Marsch den Hügel hinab; es war die Stunde des Sonnenuntergangs; Für einige Momente stand er gefangen im Einfluss seiner Umgebung – der bläulichen Hügel, der amethystfarbenen Ferne, der stillen, rauchfreien Bungalows, eingebettet zwischen ihren blumengeschmückten Veranden, dem sanften gelben Licht, das das ganze Tal durchflutete, der unheimlichen Stille , eine Stille, die diesem verlassenen Ort gebührt.

Er setzte sich auf die grasbewachsene Chabootra (oder den Musikpavillon), zog eine Zigarre heraus und zündete sie an. Es war Sonntag und er warf instinktiv einen Blick auf die Kirche ohne Dach. Was war der letzte Gottesdienst, der zwischen seinen Mauern abgehalten wurde? Zweifellos ein Gottesdienst zur Bestattung der Toten – der längst vergessenen Toten, die in seinem Bezirk begraben wurden. Während er dort allein inmitten der stummen Zeugen der Vergangenheit saß, wanderten seine Gedanken durch sein ganzes Leben zurück und er ließ die denkwürdigsten Ereignisse nacheinander Revue passieren. Das Bemerkenswerteste von allem war ihm in diesen Bergen widerfahren. Seine Gedanken wanderten zu seinem Onkel und dann zu Honor Gordon. Was machte sie gerade? Vielleicht saß sie in der Kirche und hörte aufmerksam einer der kurzen und hervorragenden Predigten von Herrn Paul zu. Waren ihre Gedanken oder Gebete jemals zu ihm gewandert? Stimmte es, was Miss Paske über die Gedanken der Frau gesagt hatte? Konnte er seinem Herzen ehrlich sagen , dass er hoffte, dass Honor Gordon ihn vergessen hatte? Würde er es vorziehen, das zu sein, was die Bibel als „einen toten, verrückten Mann" bezeichnet?

Die Sonne hatte seinen hellen, warmen Mantel Fuß für Fuß abgetragen, der graue Schleier einer kurzen indianischen Dämmerung breitete sich schnell über das Tal aus. Die Schatten rückten heimlich und kurz vor, die Wälder waren unergründlich und der erste Schrei des Schakals erklang durch die scharfe Hügelluft.

Jervis war bereits aufgestanden, um zu gehen, als seine Aufmerksamkeit von einem unerwarteten Geräusch erregt wurde – das war kein Schakal, es war eine Stimme, eine menschliche Stimme –, die aus der Richtung der Kirche oder des Friedhofs kam. Er hielt fast den Atem an, um zuzuhören, und das hörte er, in einer Stimme, die einstmals eine satte Altstimme gewesen war. Jede Silbe war deutlich zu hören, und zwischen jedem Wort gab es eine kleine, fast unmerkliche Pause –

„Oh, wo soll Ruhe sein –

Ruhe für die müde Seele?

'Es wäre vergeblich, die Tiefen des Ozeans zu erklingen,

Oder bis zu einem der beiden Pole durchbohren."

Es herrschte eine ganze Minute lang Stille, in der das Herz des jungen Mannes laut gegen seine Rippen hämmerte. Hörte er auf die Stimme eines Auferstandenen?

Dann begann der unheimliche Gesang von neuem, mit einem Wehklagen leidenschaftlicher Verzweiflung in den Noten –

„Die Welt kann niemals geben

Die Glückseligkeit, nach der wir seufzen;

Es ist nicht das ganze Leben zu leben,

Auch nicht der ganze Tod muss sterben."

Er wartete eine ganze Weile in einem Fieber prickelnder Erwartung – aber mehr gab es nicht. Nachdem er dies sichergestellt hatte, bestand sein nächster Schritt darin, sich mit der Persönlichkeit des Darstellers vertraut zu machen. Er rannte zu den Ruinen der Kirche und kletterte über einen Haufen zerbrochenen Mauerwerks hinein – die kleine quadratische Umzäunung war auf einen Blick leicht zu erkennen – sie war leer.

Dann ging er langsam umher und untersuchte die Wände im schwindenden Licht. Nein, seine Suche war vergeblich, es war keine Seele zu sehen – zweifellos war es eine Seele gewesen. In der zunehmenden Dunkelheit war das jetzt stille Tal sehr düster geworden , die Bäume warfen schreckliche Schatten und der Wald schien sich die Berge hinauf zu erstrecken, bis er im dämmerigen Himmel verloren ging.

„In welche Richtung bist du heute geritten, Mark?" fragte sein Vater, als sie beim Nachtisch saßen.

„Das kann ich Ihnen nicht genau sagen, Sir; aber ich bin durch das Quartier nach Hause gekommen."

„Ein schöner Ort; Die Behörden hätten keine bessere Wahl treffen können, wenn sie fünfhundert Meilen abgesucht hätten – gute Luft, gutes Wasser, gute Lage; und doch starb das letzte Regiment dort wie die Fliegen. Die Eingeborenen sagen, es sei ein verfluchter Ort, und keiner von ihnen würde sich ihm nach Sonnenuntergang nähern."

„Ich nehme an, Sie glauben nicht an so etwas, Sir; Du bist nicht abergläubisch?"

„Ich nicht", empört. „ Mércèdes war für fünfzig abergläubisch genug; Sie hatte den ganzen einheimischen Aberglauben im Griff, und noch dazu den europäischen! Zwischen den beiden blieb nur noch sehr wenig Spielraum! Fast alles, was man sagte, tat, sah oder trug, musste eine Bedeutung haben, ein Omen sein oder Unglück bringen. Ich erinnere mich, dass sie an dem Tag, als sie starb, nur ungern von Mussouri wegging , einfach weil sie auf der Türschwelle eine Stachelschweinfeder gefunden hatte! Ich habe in meiner Zeit einige seltsame Dinge gesehen", fuhr Major Jervis fort. „Als wir in Ameroo einquartiert wurden, bekam ich einen Schreck, von dem ich mich monatelang nicht erholte. Ich hatte mich bei der Schweinerei verirrt und kam ziemlich spät allein zurück. An einem Teil der Straße musste ich einen großen, unregelmäßigen Wasserstreifen passieren, und da stand tatsächlich aufrecht in der Mitte ein *Skelett* , das langsam hin und her schwankte ; Ich werde diesen markerschütternden Anblick nie vergessen – und ich weiß bis heute nicht, wie ich nach Hause gekommen bin."

„Und wie wurde es abgerechnet?“

„Natürlich aus vollkommen natürlichen Gründen! In einem Dorf in der Nähe des Ortes, an dem ich das Gespenst sah, war Cholera ausgebrochen , und die Menschen waren in so großer Zahl gestorben, dass keine Zeit für den üblichen Scheiterhaufen blieb. Die Verschonten konnten nichts weiter tun, als die Leiche an den Ort zu bringen, eine Gurrah (diese großen Wassergefäße) an Kopf und Füße zu binden, sie mit Wasser zu füllen, den Körper herauszustoßen und sich dann umzudrehen und zu fliegen, fast bevor er konnte versinke außer Sichtweite! Mein Geist war einer dieser Körper. Die Gurrah am Kopf war abgebrochen, und die Gurra an den Füßen hatte die Leiche in eine aufrechte Position gezogen, und da war es, ein Schauspiel, das das Gehirn eines Mannes verdrehte! Wir waren vier Jahre lang in Ameroo einquartiert , und ich kam nie ohne Schaudern an diesem elenden Ort vorbei. Als ich es das letzte Mal sah , stand das Wasser tief, bedeckt mit dem üblichen rötlich aussehenden indischen Wasserkraut; Unten am Rand war ein Schädel, der in der Sonne schwarz wurde. Dieser abscheuliche Teich war das Grab von zweihundert Menschen.“

„Und so wurde Ihr Geist erklärt und erklärt“, sagte Mark. „Ist Ihnen in all den Jahren hier draußen jemals etwas aufgefallen, das sich *nicht* erklären oder wegerklären ließ?“

"Ja, habe ich; eine seltsame, sinnlose, unbedeutende kleine Tatsache, genauso hartnäckig wie der Rest seines Stammes. Eines Morgens vor vielen Jahren war ich mit ein paar Kameraden auf Taubenjagd, und wir stießen auf einen großen Peepul-Baum, zwischen dessen Zweigen verschiedene schmutzige kleine rot-weiße Fahnen wehten, und in dessen Schatten ein etwa fünfzehnjähriger Chabootra stand Quadratfuß und drei Fuß über dem Boden angehoben. Als wir darauf hinaufstiegen, entdeckten wir trotz des Protests eines Fakirs ein rundes Loch in der Mitte , und als wir nach unten blickten, sahen wir schmutziges Wasser, bedeckt mit höchst ungesund aussehendem Schaum. Die Seiten des Brunnens waren hohl und uneben und hatten eine Art versteinertes Aussehen. Wir fragten nach dem Grund für die Anzeichen von „ Poojah “, die wir sahen, und hörten die einfache Geschichte des Wassers im Brunnen. Es nahm nie zu oder ab, egal ob das Wetter heiß und trocken oder kalt und nass war; Ganz gleich, ob der Regen in Strömen fiel oder das Land von Dürre heimgesucht wurde, ob Zuckerrohrsaft oder das Blut der Opferziege eimerweise hineingegossen wurde oder gar nicht. Man könnte es genau beobachten, um zu zeigen, dass es nicht von Menschenhand reguliert wurde, und man würde sehen, dass es sich nie verändert hat. Deshalb war es heilig. Der Gott „Devi“ soll für das merkwürdige Phänomen verantwortlich sein, dass das Wasser immer auf der gleichen Höhe steht – etwa einen Meter von der Mündung des Brunnens entfernt – und nie an Tiefe zunimmt – angeblich auf zehn Meter. Ich habe den Ort immer wieder besucht, andere auch – und wir haben nie eine Veränderung festgestellt. Das war eine Tatsache, die wir uns nicht erklären konnten. Trotzdem glaube ich nicht an das Übernatürliche!"

skeptischer Zuhörer war , beschloss Mark, seine Erfahrung für sich zu behalten; Vielleicht gibt es auch eine natürliche Ursache *dafür*.

Die Ankunft eines Besuchers im Gelben Haus ging der Nachbarschaft nicht entgangen ; Mehrere junge Pflanzer strömten herbei, um nach ihm zu suchen, und besprachen Obstkulturen, Teekulturen und die besten Beats für Gurool , die besten Flüsse und Seen für Mahseer, und luden ihn herzlich in ihre jeweiligen Bungalows ein. Der deutsche Missionar suchte ihn auf, auch Herr Burgess, der amerikanische Arzt und Padré , der unter den Leprakranken arbeitete. Er war wie seine Vorgänger beeindruckt von der bemerkenswerten und fast magischen Veränderung, die in und um Pela Kothi bewirkt worden war. Er sah seinen Patienten, Major Jervis, in einem komfortablen, luftigen Raum, gekleidet in einen gepflegten neuen Anzug, wie er wie ein vernünftiger Mann einen aktuellen *Pioneer las* . Wie ein vernünftiger Mann diskutierte er über Politik, lokale Themen und mit noch größerer Begeisterung über seinen Sohn, der leider nicht zu Hause war. Bald wurde dem Besucher ein ausgezeichnetes Tiffin serviert, er wurde durch den Garten geführt, und als er die Verbesserungen in allen Bereichen bemerkte, kam er zu dem Schluss, dass Jervis Junior ein bemerkenswerter Mensch sein musste. Bevor er ging, hatte er Gelegenheit, sich ein persönliches Bild von ihm zu machen, denn er ritt herbei, als Mr. Burgess sich gerade verabschiedete, bedauerte, dass er nicht früher angekommen war, rief nach einem anderen Pony und meldete sich freiwillig, den ehrwürdigen Gast zu begleiten Heimweg.

„Ein dürrer, entschlossen aussehender junger Kerl und ein großartiger Reiter", bemerkte Mr. Burgess, als Marks junges Pony den ganzen Weg vor seinem eigenen nüchternen und älteren Tier eine Reihe von Possen aufführte.

„Deinem Vater geht es wunderbar besser. Ich bin sein medizinischer Berater, wissen Sie", sagte der Missionar.

„Ja, und ich wünschte, du würdest näher als zwölf Meilen wohnen."

„Er hat eine wunderbare Konstitution. Er hat einen Lähmungsanfall erlitten, er könnte plötzlich eingenommen werden und er könnte die nächsten dreißig Jahre leben. Ist es schon lange her, dass du dich kennengelernt hast?"

„Ich habe ihn bis vor kurzem nicht gesehen – seit ich ein Kind war."

„Das ist seltsam, obwohl Indien natürlich Familien auseinanderbricht."

„Ich wurde von einem Onkel adoptiert und lebte die meiste Zeit in London.“

"Oh ich verstehe; und kam heraus, um deinen Vater zu besuchen.

„Ja, teilweise; in der Tat kann ich hauptsächlich sagen.“

„Und hast dich ihm angeschlossen. Herr Jervis, ich ehre Sie dafür.“ Mark schien sich unwohl zu fühlen, und sein Begleiter fügte hinzu: „Dieses Leben muss für Sie eine große Veränderung sein, sozusagen eine andere Existenzform; Sie dürfen nicht stagnieren, nachdem Sie Ihr Haus in Ordnung gebracht haben, sondern kommen Sie zu uns, wenn Sie können. Da sind Bray und Van Zee, die beiden Pflanzer in Ihrer Nähe, beide gute Kerle. Du hast einen viel näheren Nachbarn , den du nie sehen wirst.“

„Es tut mir in der Tat leid, das zu hören. Darf ich fragen warum?"

„Es ist jemand, der davor zurückschreckt, Europäern zu begegnen, der sich sogar von mir distanziert. Obwohl wir im gleichen Bereich arbeiten, haben wir uns selten getroffen.“

Mark hätte gerne mehr Einzelheiten herausgefunden, aber der stämmige amerikanische Missionar war nicht zur Kommunikation geneigt, und alles, was er über seinen geheimnisvollen Nachbarn herausfinden konnte , war, dass die Person kein Europäer, kein Heide und nicht jung war.

KAPITEL XXXIX.
EIN FREUNDLICHER BESUCH.

Kapitän Waring war ohne große Zeremonie oder Trommelwirbel nach England abgereist (und hatte seine Schulden hinter sich gelassen), vermutlich auch sein Cousin, der nicht den Anstand gehabt hatte, PPC-Karten zu hinterlassen – nein, nicht einmal in der Messe oder im Club – und wer hatte den armen Honor Gordon schändlich behandelt; Tatsächlich waren sich mehrere Matronen einig, dass ein solcher Mann in der guten alten Zeit mit Sicherheit erschossen oder ausgepeitscht worden wäre!

Wie hatte Oberst Sladen vor allen Ankömmlingen gelacht, gemutmaßt und verleumdet, das verlorene gute Aussehen des Mädchens und die Idiotie ihrer Tante beklagt , während er ungeduldig auf sein Nachmittagsgummi wartete! Die Entspannung, die er neben seinem Whist am meisten genoss, war ein *ehrlicher* , bösartiger Klatsch mit einer Soße in Form von scharfen und gut gewürzten Details.

Bisher waren noch keine verlässlichen Informationen über Mr. Jervis verbreitet worden – denn Clarence hatte die Pläne und den Aufenthaltsort seines verstorbenen Kameraden, nachdem er darüber nachgedacht hatte, völlig für sich behalten.

Frau Brande wusste es und hielt den Mund. Was hatte der Sinn des Redens? Sie war heutzutage sehr zurückhaltend, sogar in der Farbe ihrer Kleidung. Sie ging selten in den Club; Sie wagte es nicht, sich auf der schrecklichen Veranda bestimmten fragenden, erbarmungslosen Augen zu stellen. tatsächlich hielt sie sich in beispiellosem Maße im Hintergrund. Dennoch hatte sie ihre Pläne und war bereit, wie ein Phönix aus der Asche ihrer früheren Hoffnungen aufzuerstehen. Sie dachte tatsächlich über ein zweites Unterfangen nach, in Form einer Nichte. Sie dachte, Honor wollte aufmuntern, und ein Gesicht von zu Hause – besonders ein so schönes Gesicht – würde sicherlich ein glückliches Ergebnis haben. Aber Honors Gedanken waren insgeheim auf ein anderes Gesicht gerichtet, ein gewisses farbloses , hübsches Gesicht – ein Gesicht, von dem sie nie erwartet hatte, es wiederzusehen. Ihre Gedanken hingen mit ergreifenden Erinnerungen an zwei Augen, getrübt vor wortlosem Elend, die an jenem hasserfüllten Junimorgen in ihre eigenen geblickt hatten.

„Wir können es uns gut leisten, P.", drängte seine Frau auf ihren Plan. „Ein Mädchen ist dasselbe wie zwei – eine Ayah zwischen ihnen." Sie kannte Fairy kaum.

„Bitte seien Sie zufrieden", rief Herr Brande schließlich; „Aber Honor wird immer meine Nichte sein, meine Großnichte, und nichts wird sie jemals mit ihrem Onkel Pelham aus der Fassung bringen."

„Niemand will! Ich möchte, dass jemand das versucht , oder auch mit mir. Aber was für eine Nase hat die Fee! Einfach ihrem Gesicht nachempfunden wie eine Wachsfigur."

Frau Brande erzählte Honor lange und voller Begeisterung von ihrer Schwester. Aber Honor reagierte nicht; ihr Blick war abgewandt, ihre Antworten unbefriedigend; tatsächlich sagte sie nur wenig und sah geradezu unbehaglich und verzweifelt aus. Und zweifellos fühlte sie sich ein wenig schuldig, weil sie das Kind zuvor daran gehindert hatte, herauszukommen. Aber das war ganz anders als Honor; Frau Brande konnte es nicht verstehen.

Wie würde sie sich über eine Nichte freuen, die ein Wunder an Schönheit war, anstatt nur ein hübsches, aufgewecktes und beliebtes Mädchen zu sein. Nicht, dass Honor jetzt besonders hell war; Sie verlor ihr Aussehen und Honors Liebesbeziehung hatte ein so trauriges Ende genommen. Ehre war nicht die Art von Mädchen, die man mit irgendjemand anderem anfreunden konnte ; und tatsächlich konnte sie sich nicht wundern. Armer Mark! Von all ihren Jungs war er derjenige, der ihr am nächsten stand.

Dennoch war sie der Meinung, dass er die kindliche Liebe viel zu weit getrieben hatte, als sie in Momenten kühler Besinnung über sein Opfer nachgedacht hatte. Es war eine Schande, dass Mark, Ehre und ein großartiges Vermögen einem exzentrischen alten Einsiedler geopfert werden sollten.

Frau Brande sagte wenig; Sie erhielt nicht die Unterstützung und Ermutigung, die sie erwartet hatte. Sie platzierte Fairys Foto im silbernen Rahmen des armen Ben an einer gut sichtbaren Stelle im Wohnzimmer und entwarf im Geiste den Rohentwurf eines weiteren Briefes an Hoyle.

Bevor dieser Brief konkrete Gestalt annahm, kam Mrs. Langrishe in vollem Zustand und auf ihrer besten Nachmittagstoilette zu einem Besuch – einem „Abendessen"-Anruf. Sie setzte sich auf das Sofa und begann, Mrs. Brande alles über ihren lieben Kranken zu erzählen, ganz so, als würde sie mit einem höchst mitfühlenden Zuhörer sprechen – und nicht mit einem tödlichen Rivalen.

„Er ist so ein netter Mann und so ruhig in einem Haus."

„Im Übrigen", erwiderte Frau Brande, „ist er außerhalb des Hauses und überall sonst ruhig genug."

„Und er ist so zufrieden und leicht zu amüsieren", fuhr Frau Langrishe fort . „Ich ließ ihn zurück, während Lalla ihm vorlas."

„Glaubst du, das ist *genau* das Richtige?" fragte Frau Brande mit einem zweifelhaften Schnüffeln.

„Warum sollte sie es nicht so gut machen wie Krankenhauskrankenschwestern?" fragte ihr Besucher.

Frau Brande dachte über die Ergebnisse ihrer eigenen Krankenpflege nach. Hätte diese Pflege den gleichen Effekt?

„Krankenhauskrankenschwestern sind im Allgemeinen jung, ledig und sehr oft hübsch", resümierte Frau Langrishe . „Sie lesen ihren Patienten vor und nehmen Tee mit, und niemand sagt ein Wort. Der einzige Unterschied zwischen ihnen und diesen Mädchen besteht in ihrer Uniform und ihrer Erfahrung; Und sicherlich würde es *niemandem* einfallen, eine Bemerkung über diese hervorragenden, hingebungsvollen jungen Frauen zu machen!"

Lalla war nicht gerade exzellent, aber sie war auf jeden Fall sehr hingebungsvoll gewesen – wie ihre Tante dankbar anerkennt.

„Nun, ich weiß nicht, ob ich Honor das erlauben sollte", sagte Mrs. Brande mit meditativer Miene.

„Möglicherweise nicht. Es würde natürlich von den Umständen abhängen. Jetzt" – ich lege spielerisch zwei Finger auf Mrs. Brandes runden Arm – „ werde ich ein kleiner Vogel sein und dir ein kleines Geheimnis ins Ohr flüstern."

Mrs. Brande zog sich zurück, als ob sie dachte, Mrs. Langrishe würde eine kleine Klapperschlange sein.

„Es wird erst in ein paar Tagen herausgegeben, aber Lalla und Sir Gloster sind verlobt. Es ist ganz geklärt."

Sir Gloster hatte erst am Vorabend einen Heiratsantrag gemacht und darum gebettelt, dass die Tatsache der Verlobung eine Woche lang geheim gehalten werden möge, bis er seiner überaus wichtigen Mutter nach Hause telegraphiert hätte. Es muss ihr vor allen anderen gesagt werden . Ja, er war Lallas strahlenden Schmeicheleien erlegen. Er war ein langweiliger, schwerer Mann; er liebte es, sich zu amüsieren. Als Lalla seine Frau war, hatte er den ganzen Tag Spaß. Sie hatte eine bezaubernde Stimme und konnte gut vorlesen. Sie überbrachte ihm alle Neuigkeiten, sie war eine bewundernswerte Nachahmerin, eine geschickte Schmeichlerin und insgesamt ein bezauberndes Mädchen; und ihre täglichen *Tête-à-Têtes* waren von äußerst anregendem Charakter, und er sah ihnen mit großer Vorfreude entgegen. Sie gab ihm eine treffende Beschreibung der Entlarvung von Captain Waring, der Sensation, die der *soi-disante* arme Verwandte hervorrief;

wie jeder sicher war, dass es ein Match zwischen ihm und Miss Gordon werden würde; wie er entkommen war und Miss Gordon zurückgeblieben war. Er hatte sich offensichtlich seinem Freund in Bombay angeschlossen – *einem weisen* jungen Mann!

Sir Gloster, der von Natur aus verärgert und unversöhnlich war, hatte den Schock für seine Zuneigung und sein Selbstwertgefühl nie wieder aufgeholt. Es tat ihm keineswegs leid zu hören, dass Miss Gordon ihrerseits verschmäht worden war, und er war entschlossen, ihr zu zeigen, wie schnell *er* getröstet worden war.

Mrs. Langrishe Mrs. Brandes Haus betrat, hatte sie nicht die Absicht, ihre großartigen Neuigkeiten preiszugeben – sie wollte lediglich Andeutungen machen, Vergleiche anstellen und die Gefallenen und Verlassenen mehr oder weniger mit Füßen treten.

Aber ausnahmsweise war die menschliche Natur zu stark für sie: Sie wäre schwer erkrankt, wenn sie ihr nicht schon jetzt ihre überwältigende Leistung abgenommen hätte.

Mrs. Brande öffnete ihre blauen Augen ganz; Ihre schlimmsten Befürchtungen wurden bestätigt.

Sie setzte jedoch ein künstliches Lächeln auf und sagte:

„Ich bin sicher, Sie sind sehr zufrieden“, was wahr war – „ und ich freue mich wirklich, das zu hören“, was nicht wahr war.

„Es soll eine Woche lang Stillschweigen bewahrt werden“, murmelte Frau Langrishe ; „Aber ich sage es Ihnen als alter Freund, der mit *Sicherheit* über die Neuigkeiten erfreut sein wird. Natürlich sind wir alle begeistert; es ist alles, was wir uns wünschen können“, und sie richtete sich auf.

„Das würde ich eher glauben!“ erwiderte Frau Brande säuerlich; Sie war doch nur ein Mensch.

„Mein Bruder und alle meine Leute werden sehr zufrieden sein – Sir Gloster ist so ein lieber, guter Kerl, und so wohlhabend und *so* stabil.“

für Lalla nicht etwas *zu ruhig sein!*“

„Nicht er; und er erfreut sich an all ihrem Spaß und Gesang –“

"Und tanzen?" schlug Frau Brande deutlich vor.

„Es wird keine lange Verlobung sein“, ignorierte er diesen kleinen Vorstoß. „Dies ist die zweite Septemberwoche; In weiteren sechs Wochen werden wir alle untergehen. Die Hochzeit wird in etwa einem Monat stattfinden.“

Es lag Mrs. Brande auf der Zunge zu sagen: „Verzögerungen sind gefährlich", aber sie schloss die Lippen.

„Wo ist Ehre?" fragte Frau Langrishe mit seltener Erregung.

„Sie ist den Khud hinuntergegangen, um Efeu für den Tisch zu holen. Ich esse heute Abend ein kleines Abendessen."

„Du isst immer zu Abend, du wundervolle Frau."

„Nun, sehen Sie, in Pelhams *Position* müssen wir unterhalten, und ich mache es mir zur Regel, einmal in der Woche zu Abend zu essen."

„Sie sind eine echte Vorsehung für den Bahnhof!" rief ihr Besucher affektiert. „Wie hübsch diese Gräser sind. Ich nehme an, Honor hat sie arrangiert? Was für ein nützliches Mädchen sie ist!"

„Ja, sie nimmt mir alle Sorgen ab. Ich weiß nicht, wie ich jemals ohne sie auskommen soll."

„Was für ein Glück für dich, dass es keine Chance gibt, dass sie dich *verlässt*! Meine Liebe, das war eine äußerst unglückliche Angelegenheit mit Mr. Jervis.

"Wie meinst du das?" fragte Frau Brande, deren Kamm sich zu erheben begann.

„Oh", mit einem unangenehmen Lachen, „das *meinte er*!" Er schenkte Honor die größte Aufmerksamkeit, und in dem Moment, als er sein wahres Gesicht zeigte, floh er. Niemand weiß, was aus ihm geworden ist."

„Entschuldigung – das tun *wir*!" erwiderte seinen Champion mit einem Zucken ihres Doppelkinns.

„Und – wo ist er, Liebes? Was macht er?"

„Er tut etwas Gutes – eine edle Tat. „Sich selbst und seine Wünsche zum Wohle anderer zurückstellen", erwiderte Mrs. Brande in glühender Emotion.

„Na ja", ziemlich beunruhigt, „wenn Sie und Honor und vor allem *Mr. Brande* zufrieden sind, gibt es natürlich nichts mehr zu sagen –"

„Nein", betont. „Ich hoffe, dass nichts mehr gesagt *wird*. Haben Sie das Foto meiner anderen Nichte, Honors Schwester, gesehen?" Sie machte einen verzweifelten Versuch, das Gespräch zu lenken und zu ändern, und griff nach dem Rahmen, den sie feierlich in Mrs. Langrishes Hand legte.

"Was denkst Du über sie?" Zumindest hier war ihr ein kleiner Triumph sicher.

„Denken Sie nach, meine liebe Frau! Naja, dass sie absolut reizend ist." (Es war sicher, ein Mädchen zu loben, das in England war.)

„Zuerst wollte sie sich mir gegenüber outen", fuhr ihre Tante fort, „aber sie hat es sich anders überlegt. Jetzt denken wir darüber nach, sie im November mit dem Mädchen von Hadfield auszugehen."

„In der Tat", sagte Frau Langrishe nachdenklich und hielt das Bild sozusagen immer noch auf ihrem Knie.

Sie hatte ein wunderbares Gespür dafür, seltsame Neuigkeiten aufzuschnappen, und ihr Gehirn enthielt nützliche kleine Fetzen der promiskuitivsten Beschreibung. Ihr Verstand war eine Art Lumpenbeutel, und diese Fetzen kamen oft passend dazu. Sie kramte jetzt einen Fetzen heraus.

Kürzlich hatte sie von einer Cousine von ihr (einer Künstlerin) von einer Mrs. Gordon gehört, einer Witwe mit zwei Töchtern, eine davon hübsch, die für ihn als Rowena – eine ideale Rowena – vor ihm saß, aber auch ein Zwerg war – eine Art kleines Geschöpf, das Sie ausstellen könnten.

„Wohnt Ihre Nichte in Hoyle und heißt sie Fairy?"

"Ja. Warum fragst du?" eher eifrig.

„Ich habe kürzlich von meinem Cousin Oscar Crabbe von ihr gehört. Und warum ist sie nicht herausgekommen?" sah sie mit einem seltsamen Lächeln an.

„Ihr Gesundheitszustand war nicht sehr gut – und es gab noch einen anderen Grund –, der mir nicht mitgeteilt wurde."

„Ich kenne den Grund und kann es Ihnen sagen, wenn Sie möchten", sagte Frau Langrishe mit einer Miene liebevoller Zuversicht.

Hier bot sich eine unerwartete Gelegenheit, ihrem Gegner einen Pfeil in die Seite zu schießen.

„Es hat keinen Zweck, die Angelegenheit geheim zu halten, es ist genauso dumm wie der Plan des jungen Jervis, der wie ein Strauß war, der seinen Kopf in den Sand steckte. Übrigens scheint *das* eine ziemlich explodierte Idee zu sein! Jeder in Hoyle kennt Miss Fairy Gordons Aussehen – sie ist außergewöhnlich hübsch – aber –"

„Aber nicht verrückt? Sag nicht, dass sie verrückt ist!" protestierte Frau Brande aufgeregt.

„Nein, nein; nicht so schlimm. Aber", sie blickte ihrem Zuhörer fest in die Augen und fügte hinzu: „Armes kleines Geschöpf, sie ist ein *Zwerg* !" Mir wurde gesagt, dass sie nach ihrem zehnten Lebensjahr nie mehr gewachsen sei. Ja, es ist schrecklich schade", blickte sie in das entsetzte Gesicht ihrer Gastgeberin. „Im Sitzen ist sie genau wie andere Menschen – aber wenn sie aufsteht, scheint sie keine Beine zu haben."

"Ein Zwerg! Keine Beine! Und sie dachte daran, zu mir zu kommen! Und ich wollte ihr gerade schreiben und sie bitten, im November anzufangen", wiederholte Frau Brande keuchend.

„Nun, meine Liebe, es ist ein höchst glücklicher Umstand, dass Ihr Brief nicht verschwunden ist. Was hättest du mit ihr machen können? Du hättest sie nie außer *nach Einbruch der Dunkelheit* mitnehmen können ."

Das war ein furchtbar effektiver Stoß. Frau Brande war überhaupt nicht in der Lage, sich zu rächen, und gab keine Antwort.

"Ein Zwerg!" Ihr Geist rief eine kleine, fette, blasse Frau hervor, wie sie sie einst vor einer Messe auf einem Jahrmarkt gesehen hatte, und diesen elenden, verkümmerten Eingeborenen, der bettelnd auf den Schultern eines Jungen durch Shirani getragen wurde.

Und ihre Nichte, auf deren Bild sie so stolz war, dass sie es in einen massiven Silberrahmen gesteckt hatte – ihre schöne Nichte war so!

„Ich wundere mich, dass Honor es mir nie erzählt hat ", murmelte Mrs. Brande schließlich.

„Und das tue ich nicht", war die nachdrückliche Erwiderung. „Allen Berichten zufolge haben die Mutter und die Schwestern die Kleine immer verwöhnt, die glaubt, dass sie sich in keiner Weise von anderen Menschen unterscheidet, und zu lächerlich eitel ist. Selbst wenn sie 1,80 Meter groß gewesen wäre, bin ich mir sicher, dass Sie ohne sie viel glücklicher sind", schloss Frau Langrishe , stand auf und drückte die Hand ihrer Gastgeberin, während sie sprach. Und nachdem sie diesen kleinen Trost spendete, raschelte sie davon.

Frau Brande, die arme Frau, war tatsächlich mit Füßen getreten und bis auf die Erde zerquetscht worden. Man hatte sie gebeten, in den Triumphgesang ihrer Rivalin über Miss Paskes großartigen Erfolg einzustimmen; man hatte ihr wegen des Unglücks ihres lieben Mädchens Beileid ausgesprochen; und man hatte ihr mitgeteilt, dass sie die Tante eines Zwergs sei!

Sie saß einige Zeit in einem erschütterten, benommenen Zustand da; Dann stand sie auf, nahm eilig Fairys Foto weg und schloss es in einer Kiste ein, geschützt vor allen Blicken und sogar vor den neugierigen braunen Fingern der Ayah.

Honor bemerkte die Abwesenheit des Bildes ihrer Schwester von ihrem üblichen Ehrenplatz – es war nirgends zu sehen –, das Fehlen von Fairys Namen im Gespräch, das plötzliche Aufhören jeglichen Interesses an Gerty Hadfields Bewegungen und vermutete zu Recht, dass jemand freundlicherweise aufgeklärt hatte ihre Tante, und dass sie jetzt im Besitz des *anderen* Grundes sei.

KAPITEL XL.
DER NEUE TRÄGER DES KORNELRINGS.

Sechs Wochen waren wie im Flug vergangen. Bei all seiner Beschäftigung war es für Mark äußerst schwierig, die Zeit totzuschlagen; es kam ihm vor, als hätte er sein jetziges Leben schon seit mindestens sechs Jahren gelebt. Der Monsun war ausgebrochen, und an manchen Tagen zwangen ihn die Sturzbäche, drinnen zu bleiben; Und während Regenböen und Windböen über das Tal fegten, überkam den elenden jungen Mann eine entsetzliche Einsamkeit. Sein Vater verbrachte viele Stunden im Schlaf, und er hatte keine Menschenseele, mit der er ein Wort wechseln konnte. Eines Abends, während einer willkommenen Pause, ritt er einen steilen und rutschigen Pfad hinunter nach Hause, der sich durch nasse, dunkle Kiefernwälder schlängelte, als sein Pony plötzlich so heftig scheute, dass es fast den Halt verlor; Er hatte Angst vor einem undefinierbaren Objekt neben der Straße, etwas, das sein Reiter zunächst für einen Bären hielt, bis es ein Stöhnen unverkennbaren menschlichen Schmerzes ausstieß.

"Was ist los?" fragte Jervis, als er schnell abstieg.

„Leider habe ich mir den Fuß verletzt!" antwortete eine weibliche Stimme auf Hindi . „Ich bin hingefallen – ich kann nicht gehen."

Jervis warf das Zaumzeug über seinen Arm, zündete ein Streichholz an, beschattete es mit der Hand und sah zusammengekauert etwas, das wie eine alte einheimische Frau aussah. Unter Stöhnen und Keuchen erklärte sie ihm, dass sie sich den Knöchel über eine Wurzel auf dem Weg verdreht hatte und sich nicht bewegen konnte.

„Bist du weit weg von zu Hause?" er erkundigte sich.

"Drei Meilen."

„In welche Richtung?"

„Der Hügel über dem alten Quartier."

"Ich weiß. Wenn du denkst, dass du auf meinem Pony sitzen kannst, werde ich ihn führen und dich sicher nach Hause bringen."

„Oh, ich bin so ein Feigling", rief sie. „Ist das Pony sanft?"

„Ja, es geht ihm gut; Ich werde für das Pony einstehen."

„Ich – und ich kann den Schmerz nicht ertragen. Oh-oh! aber ich muss" – vergeblich darum kämpfend, aufzustehen und wieder zu sinken.

Sie erwies sich als Leichtgewicht, als Jervis sie körperlich in seine Arme nahm und in den Sattel setzte. Glücklicherweise war das Pony, das den vielsagenden Namen „Shaitan" trug, durch die lange Reise zu sehr ernüchtert, um sich aktiv gegen das Tragen einer Dame zu wehren. Der Heimweg erwies sich als äußerst mühsam; Die Straße war schlecht und fast stockfinster. Die Eingeborene, die jeden Meter des Weges zu kennen schien, führte ihre Begleiterin über einen fast im Dschungel versunkenen Pfad zu einem Hügel hinter dem alten Speisehaus. Sie kletterten immer höher , bis sie zu einem winzigen Steinbungalow kamen, mit einem Licht im Fenster. Die Tür wurde von einer anderen Eingeborenenfrau und einem alten Mann aufgestoßen, deren schrilles, geschwätziges Wehklagen fast ohrenbetäubend war.

„Du solltest dich besser von mir hineintragen lassen?" schlug Jervis vor.

„Nein, nein." Dann gebieterisch an die andere Frau gerichtet: „Anima, bring einen Stuhl hierher und hilf mir herunter."

Aber Anima, die schlank und schrumpelig gebaut war, hatte eine Aufgabe gestellt, die weit über ihre Kräfte hinausging, und am Ende waren es die muskulösen Arme des jungen Engländers, die die andere aus dem Sattel hoben. Als er sie vorsichtig auf den Boden legte, fiel ihr Schal oder Saree zurück, und das Lampenlicht enthüllte eine hellhäutige Frau mit schneeweißem Haar und einem Paar prächtiger schwarzer Augen. Sie war möglicherweise fünfzig Jahre alt – oder älter – und obwohl ihre Lippen vor Schmerz verzerrt waren, war sie bemerkenswert gutaussehend und hatte ein vornehmes Gesicht. Kein Eingeborener; Auf jeden Fall ähnelte sie keiner Eingeborenen, die Jervis jemals gesehen hatte. Wer war sie?

Ein Blick ins Innere überraschte ihn noch mehr; Statt des üblichen Durcheinanders von Kochtöpfen, Matten und Wasserpfeifen erhaschte er einen flüchtigen Blick auf einen runden Tisch mit einer purpurroten Decke. Eine Zeitung oder etwas, das so aussah, lag darauf; Da war ein Sessel, in einem Kamin loderte ein Feuer, davor blinzelte eine Katze ruhig.

Wer war diese Frau? Weitere Einzelheiten würde er wahrscheinlich nicht erfahren – zum jetzigen Zeitpunkt, da ihre beiden Diener ihr dabei halfen; und während er wartete, wurde die Tür plötzlich geschlossen und verriegelt, und er blieb draußen, allein in der Kälte und Dunkelheit. Hier war Dankbarkeit!

Er ritt langsam nach Hause, das Pony tastete sich sinnbildlich an ihn heran, während sein Herrchen in Spekulationen versunken war. Das war der geheimnisvolle Nachbar , da war er sich sicher; Dies war der Zar der Gräber – der Besitzer der Stimme.

Er erzählte seinem Vater sein Abenteuer, während sie Pikett spielten.

Major Jervis war nicht halb so überrascht, wie der junge Mann erwartet hatte – er strich sich einfach über die Stirn, ein Lieblingstrick von ihm, und sagte, während sein Blick immer noch auf seine Karten gerichtet war:

„Oh, Sie sind also auf die Perserin gestoßen! Ich höre so selten von ihr, ich hatte sie vergessen."

"Persisch?"

"Ja. Sie ist seit Jahren in diesen Hügeln und arbeitet unter den Leprakranken. Eine hellhäutige Frau mit großen, eindringlichen dunklen Augen."

„Aber wer ist sie?" Er warf seine Karten hin und sah seinen Vater gespannt an.

„Sie ist, was ich dir sage", ungeduldig – „ eine Perserin; Sie sind im Allgemeinen hell, und ich wage zu behaupten, dass sie zu ihrer Zeit, vor etwa dreißig Jahren, gutaussehend war. Warum bist du so interessiert?"

„Weil ich eine andere Idee im Kopf habe; Ich glaube, sie ist eine Engländerin."

Das Lachen des Majors war laut und deutlich und überhaupt nicht wütend.

„Sie ist eine Perserin – nur können Sie natürlich nicht urteilen – und zwar bis in ihre Fingerspitzen."

„Aber was macht sie hier oben?"

„Mir wäre es lieber, wenn du sie das fragst, als ich", war die äußerst vernünftige Antwort. „Ich glaube, sie ist Christin und arbeitet an ihren Sünden. Ich habe keinen Zweifel, dass sie eine Frau mit einer Vergangenheit ist. Man kann es in ihren Augen lesen. Komm, mein Junge, ergreife deine Hand; Du bist an der Reihe zu spielen."

Mark Jervis hatte, wie wir wissen, weder Zeit noch Gelegenheit gehabt, in den Augen des Persers etwas zu lesen, egal ob es sich um Vergangenheit oder Gegenwart handelte; aber dieses Versäumnis wurde bald korrigiert.

Eines Nachmittags bemerkte er, als er vorbeiritt, eine Gestalt, die mit einem Stock in der Hand auf den Stufen der Kantine ruhte – eine Gestalt, die den Stock hob und ihn gebieterisch aufforderte, näher zu kommen.

Es war zweifellos sein neuer Bekannter, der ihr den Schleier noch weiter über den Kopf zog, wie sie sagte:

„Sahib, ich möchte Ihnen für Ihr barmherziges Wohlwollen danken. Wahrlich, ohne dich hätte ich die ganze Nacht im Wald, im Regen und zwischen den Tieren gelegen."

"Ich hoffe du bist besser?" fragte er und nahm seine Mütze ab.

„Ja, fast gut. Obwohl ich ein Fremder für dich bin, weiß ich, dass du Jones Sahibs Sohn bist."

„Major ‚Jervis' ist sein richtiger Name. Ja – ich bin sein Sohn."

„Ich habe von dir gehört", fuhr sie ziemlich hochmütig fort.

"In der Tat!"

„Vom Leprakranken", fügte sie bedeutsam hinzu.

„Du bist es, der die Gräber dort in Ordnung hält?"

"Vielleicht!" war ihre vorsichtige Antwort.

„Und wer singt englische Kirchenlieder in der alten Kirche?"

Eine leichte Verkrampfung lief über ihr Gesicht, als sie antwortete:

„Nein – ich bin eine Perserin aus Bushire. Was sollte ich über deine Lieder oder deine Zunge wissen?"

„Wer – kann es dann sein?" fragte Jervis und sah sie unerschütterlich an.

„Edler Jüngling – warum fragst du mich? „Vielleicht eine Frau von den Toten", erwiderte sie spöttisch.

„Zumindest bist du es, der unter den kranken Pahari-Leuten und Aussätzigen so viel Gutes tut?" er blieb hartnäckig.

„Ja, ich bin nur einer – das Feld ist großartig. Wer kann Gläser mit Tau füllen? Ich würde, ich könnte mehr tun."

„Ich glaube, das wäre kaum möglich."

„Was diese Hände betrifft", streckte er ein Paar zart geformter Glieder aus, „ich tue, was ich kann; Aber was ist eine Zitrone, die ein ganzes Dorf auspressen kann! Wenn ich ein großes Haus hätte, das als Krankenhaus dienen würde, würde ich meinen Herzenswunsch erfüllen. Ich bin in der Medizin bewandert, und mein Diener ist es auch; wir hätten unsere Kranken an unserer Seite und könnten viel tun – das ist mein Traum. Es wird niemals geschehen, bis die Sonne aufgeht und die Sterne fallen."

„Sicherlich würde einer dieser Bungalows antworten. Warum nicht dieses Chaos?" schlug Jervis großzügig vor.

"WAHR; aber der Sircar wollte es mir nicht geben. Der Sircar hat mir bereits meinen Wohnsitz gegeben; Und wenn ich um das Mess Khana bitten würde, würden sie zweifellos behaupten, ich sei wie der Mann, der, nachdem er eine Gurke erhalten hatte, einen Zweig Mangobäume verlangte! Darüber hinaus könnte diese tote Station erneut erwachen. Sogar in *meiner* Erinnerung haben sich die fröhlichen Sahibs und Mem Sahibs hier aufgehalten und große Tamashas abgehalten; aber es ist Jahre her, seit sie gekommen sind, und der Ort ist vielleicht vergessen."

„Und Sie leben also seit Jahren allein hier?" sagte der junge Mann. Seine bemerkenswert ausdrucksstarken Augen fügten deutlich das „ *Warum?* " *hinzu.* " Seine Zunge hielt sich zurück.

„Ja, ich war viele Monde lang gestorben für die Welt und den Lärm des Streits und des Lebens! Wenn alle Geschichten wahr sind – Geschichten, die sogar in diesem leeren Land geflüstert werden –, hast du viele Freuden aufgegeben, um deine Tage dem alten Mann, deinem Vater, zu schenken? Ist es nicht so?" Sie blickte mit einer schnellen Geste auf und ihr Sari fiel zurück.

Als Jervis in die ihm zugewandten dunklen Augen blickte, stimmte er seinem Vater zu; Hier war zweifellos eine Frau mit einer Vergangenheit – und einer tragischen Vergangenheit!

„Es ist ein edles Opfer", fuhr sie fort; „Aber was sagt der Koran? „Alle guten Werke, die ihr in eurem Auftrag aussendet, ihr werdet sie bei Gott finden." Ich bin alt genug, um deine Mutter zu sein. Ich frage mich, wenn ich einen Sohn gehabt hätte, würde er sich auf diese Weise für mich opfern? Gehörte ich zu Ihrem Volk, eine Feringhee-Frau, wundere ich mich?" wiederholte sie nachdenklich, während sie ihre Hand hob, um ihren Schleier weiter über ihren Kopf zu ziehen.

Als sie das tat, zuckte der junge Mann zusammen, als er ihren Ring erkannte – Honors Karneolring. Schon oft war es ihm an ihrem Finger aufgefallen, und ihr eigenartiger Trick, ihn immer wieder zu drehen, wenn sie sich in einer geistigen Zwickmühle befand, war Gegenstand von mehr als einem Familienscherz gewesen. Wie kam es dazu, dass es an der Hand dieser mahommedanischen Frau lag?

Sie verstand sofort seinen Blick und rief:

„Beobachten Sie meinen Ring. Es ist wirklich von geringem Geldwert, aber für mich ist es unbezahlbar. Es wurde mir von einer Jungfrau geschenkt, die ich nur einmal gesehen hatte. Ihre Worte waren Perlen, ihre Lippen waren Rubine, aber ihre Musik und ihre Augen zogen die Geschichte meines Lebens aus meinem Innersten."

„Ich bin mir sicher, dass ich die Dame kenne!" rief ihr Zuhörer ungestüm, „jung – und groß – und schön. Sie spielt das, was man Sitar nennt. Wo hast du sie kennengelernt?"

„Ah, Sahib, das ist *mein* Geheimnis“, antwortete sie nach einer ausdrucksvollen Pause; „Aber siehe! Ich kann deine enthüllen“, und sie sah ihn fest an, während sie hinzufügte: „ *Du liebst sie* .“

"Wie meinst du das?" er stammelte. "Warum sagst du das?" und er färbte sich bis zu den Wurzeln seines kräftigen braunen Haares.

„Tatsächlich habe ich es in deinem Gesicht gelesen. Nicht umsonst nennen mich die Leute einen magischen Wallah .“ Und sie erhob sich steif, um zu gehen. „Du hast sie verlassen, wie ich sehe“, fuhr sie mit einem Aufblitzen ihrer wundervollen Augen fort, „und siehe da, die dicke alte Mem Sahib, ihre Mutter, wird sie mit jemand anderem verheiraten! Seht euren Lohn für die Erfüllung eurer Pflicht!“ Und mit dieser unangenehmen und zynischen Bemerkung vergaß die Perserin ihr vorheriges Zitat aus dem Koran völlig, machte ihm ein tiefes Salaam und humpelte davon.

KAPITEL XLI.
„Es war eine Hyäne."

Mitte August war der Regen vorbei, und Shirani legte Regenmäntel und weggeworfene Regenschirme ab, und die Gesellschaft – unruhig und schwankend – hielt Ausschau nach einer neuen und neuartigen Form der Unterhaltung im Freien.

Unter den Zweiturlaubsankömmlingen, den aktivsten und unternehmungslustigsten Neuankömmlingen, befand sich ein Kapitän Bevis, die treibende Kraft auf der Station, auf der er stationiert war; der Mann, der Tanzveranstaltungen, Rennen und Picknicks organisiert. Er war entschlossen, bei dieser Gelegenheit eine völlig originelle Linie einzuschlagen und startete eine große gemeinsame Expedition ins Landesinnere – keine Ihrer exklusiven „Familienfeiern" oder eine kleine „Gruppe" von einem halben Dutzend Paaren. Nein, dieser zuversichtliche Mensch hatte tatsächlich vorgeschlagen, Shirani *massenhaft zu verlegen* . Er hatte von dem verlassenen Quartier Hawal Bagh gehört, galoppierte hinüber, um es mit seiner gewohnten Pünktlichkeit zu inspizieren, und kam auf den Flügeln der Begeisterung zurück zur Station geflogen. „Es war ein perfekter Ort", so lautete sein Urteil; Landschaftlich exquisit, gute Straße, gutes Wasser, viele Bungalows, ein Messehaus zum Tanzen, ein Exerzierplatz für Gymkanas . Jeder muss den Ort sehen, jeder muss einen kurzen informellen Ausflug genießen, die Unterhaltung wird „Hawal-Bagh-Woche" genannt. Kapitän Bevis engagierte sich mit Leib und Seele für das Projekt; er lud eine weitere Bergstation ein, sich anzuschließen; Er verschickte Rundschreiben, er sammelte Anmeldungen für Gymkanas und Polospiele sowie die Namen der Schirmherrinnen für den großen Ball in Hawal Bagh. Der tote und längst vergessene Hawal Bagh sollte wieder erwachen und leben!

Es gingen zahllose Abonnements ein, Gruppen gingen auf Erkundungstour, leere Häuser wurden zugeteilt, eine riesige Armee von Kulis wurde rekrutiert, der Dschungel wurde abgeholzt, die Bungalows aufgeräumt, selbst die Gärten wurden in Ordnung gebracht. Eine Menge Vorräte und Wagenladungen mit Möbeln waren bald *unterwegs* , und die Bediensteten von Shirani gingen mit dem Eifer eines echten indischstämmigen Hausangestellten, der eine Veränderung begrüßt, ein „Tamasha", alles in der Form eines „Tamasha", in das Projekt ein „Fest", mit einer Freude und Energie, die den Anhängern der Menschen in diesen kälteren Breiten völlig unbekannt ist.

Die gastfreundliche Frau Brande sollte ein Haus und eine Hausparty veranstalten. "P." war aus offiziellen Gründen abwesend; aber unter keinen Umständen wäre er ein geeigneter Rekrut für einen, wie er es nannte, „neuen

Ausbruch des Dschungelfiebers" gewesen. Die Dashwoods , die Booles , die Daubenys und die Clovers sollten ein Chaos für verheiratete Leute haben. Es gab auch den ein oder anderen Kumpel, der die Leute dazu brachte, einander anzuschauen und zu lächeln! Die Junggesellen hatten natürlich ihr eigenes Durcheinander; außerdem gab es Zelte.

Mrs. Langrishe beteiligte sich weder an der Messe noch an der Kumpelei, diese kluge Frau kam lediglich als Gast der Clovers für zwei Tage, und Lalla war Mrs. Dashwoods alleinige Verantwortliche. Frau Sladen wohnte natürlich bei Frau Brande, die in das Haus des alten Kommandanten verbannt worden war, einen bedeutenden, geräumigen Bungalow, der inmitten einer großen Wildnis aus einem Garten und einem Pfirsichgarten stand. Ein- oder zweimal in den letzten zwanzig Jahren war es zusammen mit ein oder zwei anderen Bungalows (zum großen Ärger des Persers) für ein paar Monate in der Saison an bedürftige Familien aus der Ebene vermietet worden, die nur Luft wollten, gute Bergluft, und konnte sich kaum etwas anderes leisten!

Frau Brande und ihre Gruppe trafen einen ganzen Tag vor der breiten Öffentlichkeit ein und reisten bequem auf einfachen Etappen durch große Kiefern-, Eichen- oder Rhododendronwälder, entlang kühner, kahler Klippen, über flache Flussbetten und durch mehr als 1000 Kilometer eine wunderschöne parkähnliche Lichtung, gesäumt von Bäumen und Rindern – natürlich behielt Mrs. Brande diese letzteren misstrauisch im Auge. Als die Reisenden ihr Ziel erreichten, stellten sie fest, dass Straßen repariert, Laternenpfähle und Öllampen aufgestellt und der alte Musikpavillon renoviert worden waren – Diener eilten hin und her , trugen Möbel, schüttelten Teppiche, lüften Bettwäsche und streikten auf Ponys. Es gab Kulis, Syces, Soldaten und aktive Sahibs, die umhergaloppierten und Anweisungen gaben. Tatsächlich hatte Hawal Bagh die Zeit zurückgestellt, und für den flüchtigen Blick war es wieder der geschäftige, bevölkerungsreiche Kanton von vor vierzig Jahren!

Und wie freute sich die dürftige Gesellschaft, die in diesen Gegenden lebte, über die Auferstehung von Hawal Bagh? Für die benachbarten armen Bergdorfbewohner war dieses Ereignis wirklich ein Geschenk Gottes; Sie ernteten eine großartige und völlig unerwartete Ernte und freuten sich, die Eindringlinge willkommen zu heißen, die ihr Geflügel, Eier, Getreide, Milch und Honig kauften.

Mark Jervis betrachtete die Transformation mit gemischten Gefühlen. Er hatte mit seinem alten Leben gebrochen; Die meisten Menschen glaubten, wenn sie überhaupt an ihn dachten, er sei in England – zwei Monate sind eine lange Zeit, um in der Erinnerung an eine Bergstation zu leben. Ehre –

sie würde in Hawal Bagh sein – sie hatte ihn noch nicht vergessen. Er hielt sich in den Hügeln auf, um aus der Ferne einen Blick auf sie oder sogar auf ihr Kleid zu erhaschen. Sicherlich könnte er sich diesen kleinen Trost leisten.

Was die Perserin betrifft, so betrachtete sie die Scharen schwuler Fremder aus ihrem unheimlichen Zustand mit einer Mischung aus Verzückung und Angst.

Es war eine schöne Mondnacht Anfang September, die Hügel ragten dunkel auf und warfen tiefe Schatten in das strahlend weiße Tal. Die Luft war angenehm weich, die Milchstraße leuchtete auffällig und machte ihrem östlichen Namen „Das Tor des Himmels“ alle Ehre.

In der alten Kantine sollte ein Ball stattfinden, und Mark nahm seinen Platz auf dem Hügel ein und beobachtete die großen Kochfeuer, die beleuchteten Bungalows, die eiligen Gestalten; lauschte dem Summen der Stimmen, dem Wiehern der Ponys, dem Stimmen von Musikinstrumenten. Konnte es sich wirklich um den verlassenen, zum Abgrund verurteilten Stadtteil Hawal Bagh handeln, den er schon so manche Nacht in totenstiller Stille gehüllt gesehen hatte? Der Tanz begann munter, offene Türen zeigten fröhliche Dekorationen, die Musikkapelle spielte lebhafte Lanzenreiter, und hundert fröhliche Gestalten schienen herumzuhuschen und vorbei und wieder vorbeizukommen; während die Schakale und Hyänen, die ihre Versammlungen immer im selben Viertel abgehalten hatten, voller entsetztem Ekel die Hügel hinauf davonschlichen. Plötzlich traten die Leute in das helle Mondlicht und begannen auf und ab zu schlendern. Mark erkannte viele bekannte Persönlichkeiten. Da war Honor in Weiß, der mit einem kleinen Mann ging, der sich mit beträchtlicher Lebhaftigkeit unterhielt und gestikulierte. Sie schien beschäftigt zu sein, hielt den Kopf hoch und blickte direkt vor sich hin. Zuschauer sehen den größten Teil des Spiels. Der Mann muss ein dämlicher Idiot sein, wenn er nicht merkt, dass sie kein einziges Wort von ihm hört.

Da war Miss Paske, begleitet von einem schwerfälligen Begleiter mit rolligem Gang – natürlich Sir Gloster – und Miss Lalla unterhielt ihn zweifellos. Es schien fast so, als könne er sein nachdrückliches „ausgezeichnet“ von dort aus hören, wo er stand. Mrs. Merryfeather und Captain Dorrington, Captain Merryfeather und Miss Fleet und so weiter – und so weiter – als ein Paar nach dem anderen auftauchte.

Plötzlich wurde ihm bewusst, dass er nicht der einzige Zuschauer war. Direkt unter ihm stand eine Gestalt, die so regungslos war, dass er sie für einen Teil eines Baumes gehalten hatte. Die Gestalt bewegte sich und er sah die persische Dame stehen und mit starren, gefräßigen Augen auf die Szene unter ihnen starren. Er machte eine leichte Bewegung, und sie drehte sich hastig um und kam auf ihn zu. Sie waren Bekannte von einigen, die jetzt standen, und trafen sich ein- oder zweimal pro Woche entweder unter den Aussätzigen oder im Quartier. Mark hatte es nie gewagt, in dem geheimnisvollen kleinen Bungalow vorbeizuschauen, aber er schickte ihr Blumen, Obst und Rebhühner als Opfergaben, und sie nahm ihn im Gegenzug in ihre Freundschaft auf – in einem völlig beispiellosen Ausmaß. Ob dies dem hübschen Gesicht des jungen Mannes und seinem ritterlichen Respekt vor ihrer Privatsphäre und ihrem Geschlecht geschuldet war oder ob es einem anderen zuliebe gewährt wurde, wer soll das sagen?

„Du siehst zu, genau wie ich", bemerkte er, als sie ihn ansprach. "Bist du interessiert?"

„Nein, ‚die Welt ist dem Ertrunkenen ertrunken', heißt es im Sprichwort. Ich bin nach Hawal Bagh gekommen, um mich von der Menge zurückzuziehen, und siehe da! Eine Menschenmenge steht vor meinen Toren!"

„Das muss für Sie sicherlich ein ganz neuer Anblick sein?"

Sie blickte ihn fragend an und gab keine Antwort.

„ Natürlich haben Sie so etwas noch nie gesehen, Engländer in Abendkleidung, die zu einer Band tanzen?"

„Ich habe Phantome gekannt – ja, ich habe solche gesehen", zeigte er, „in einem – Traum – vor Tausenden von Jahren."

Ihr Begleiter gab keine Antwort, der Perser äußerte oft dunkle Sprüche, die für ihn völlig unverständlich waren. Möglicherweise glaubte sie an die Seelenwanderung und spielte damit auf eine frühere Existenz an.

„Meine sind nur Geister, während diese Menschen für Sie echtes Fleisch und Blut sind", fuhr sie fort. „Du warst noch vor drei Monaten einer von ihnen. Denken Sie gut nach, bevor Sie mit Ihrer Vergangenheit brechen und die Jugend töten und begraben. Siehe, du wirst *schon alt* ! Lass mich für Jugend und Liebe plädieren. Der Himmel hat sich mir heute geöffnet. Sie", ihre Stimme zu einem Flüstern senkend, „ist unter denen – ich habe sie gesehen – sie ist dort unten."

„Ich weiß", antwortete er, ebenfalls mit leiser Stimme.

„Warum suchst du sie dann nicht – so jung, so schön, so gut? Oh! Hast du ihr süßes Lächeln, ihre bezaubernden Augen vergessen? Liebe, wahre Liebe, kommt nur einmal! Geh jetzt und finde sie."

Mark schüttelte mit nachdrücklicher Verneinung den Kopf.

„Was für ein Herz aus Stein!" sie weinte leidenschaftlich. „Wahrlich, ich werde selbst gehen und sie hierher holen. Ich – aber nein – ich wage es nicht", und sie bedeckte ihr Gesicht mit ihren Händen.

„Fügen Sie Ihre Stimme nicht meinen eigenen verrückten Neigungen hinzu. Zwischen uns ist alles vorbei. Sie kennenzulernen und sich wieder zu trennen, würde ihr unnötige Schmerzen bereiten."

"Ah! „Wieder die Musik", murmelte die Perserin, als die Band plötzlich einen seltsamen, eindringlichen Walzer anstimmte, an den sich ihre Begleiterin noch gut erinnern konnte – sie hatten ihn auf dem Junggesellenball gespielt. „Musik", fuhr sie fort und ballte ihre beiden Hände, „jegliche Art hat eine schmerzhafte Wirkung auf mich. Es reißt mir das Herz aus dem Leib, und doch liebe ich es, ja, auch wenn es mich in …" versetzt Sie hielt inne, unfähig, den Satz zu beenden. Ihre Lippen zitterten, ihre großen dunklen Augen weiteten sich und sie brach plötzlich in einen Tränensturm aus. Der Klang ihres wilden, lauten, verzweifelten Schluchzens schwebte tatsächlich herab und drang bis zu den Ohren eines fröhlichen Paares, das frei herumschlenderte und jetzt direkt darunter stand, ohne zu ahnen, dass ein anderes Paar am Hang traurig über eine Szene von einst nachdachte vertraute, aber jetzt verlorene Freuden, wie zwei arme wandernde Geister.

„Sicherlich", sagte Mrs. Merryfeather , „habe ich eine menschliche Stimme gehört, ganz oben über uns." Es klang wie das Weinen einer Frau – als wäre ihr das Herz gebrochen."

„Oh, unmöglich!" spottete der Mann. „Herzen sind heutzutage garantiert unzerbrechlich, so wie gehärtetes Glas."

"Hören! Da ist es wieder!" unterbrach die Dame aufgeregt.

„Nicht ein bisschen davon, meine liebe Frau Merry; Und Ihr Geschlecht würde sich nicht geschmeichelt fühlen, wenn es hören würde, dass Sie den Schrei eines *wilden Tieres* mit der Stimme einer Frau verwechselt haben! Ich versichere Ihnen auf mein Ehrenwort , dass es sich um nichts weiter als eine Hyäne handelt."

KAPITEL XLII.
AM ALTEN GEWEHRPLATZ.

Eine mächtige und entschlossene Versuchung, die gegenüber Vernunft und Argumenten taub war, kämpfte stündlich darum, Mark Jervis nach Hawal Bagh zu ziehen. Es verwandelte sein heftiges Ringen und leidenschaftliches und sogar hektisches Flehen in sanftes, verführerisches Flüstern. Es flüsterte, dass das Leben in den Äonen der Zeit nur eine Stunde sei – ein Tropfen im Ozean der Ewigkeit. Warum nicht den Tropfen probieren – die Stunde genießen? Schnappen Sie sich die Sonne und leben Sie Ihren kleinen Tag, bevor Sie für immer in ewige Dunkelheit und Vergessenheit versinken! Es zitierte sogar die Heilige Schrift und drängte ihn vehement, sich keine Gedanken über den morgigen Tag zu machen – das Übel sei für den Tag ausreichend. Es nahm der Erinnerung den Pinsel aus der Hand und malte Honor Gordon als Engel. Es klang von einem Besuch bei Mrs. Brande – *sie* war schon immer seine Freundin gewesen. Es konnte sicher nicht schaden, *sie* zu besuchen ! Aber der junge Mann brachte streng jedes Flüstern und Flehen zum Schweigen. Er schlug den verrückten Versucher in die Knie, würgte ihn und tötete ihn, wie er glaubte. Warum den Schmerz ertragen, sich zweimal zu trennen – warum ein zweites Mal über glühende Pflugscharen laufen?

Vier Tage lang hielt er sich fern und besuchte das Quartier nie – außer in seinen Gedanken und Träumen. Am fünften machte er sich gewissenhaft auf den Weg in die entgegengesetzte Richtung und stellte nach einem langen und ziellosen Ritt zu seinem Erstaunen fest, dass er sich nicht gerade auf dem verzauberten Boden befand, sondern in der Nähe des alten Schießplatzes, der dahinter lag umgebende Hügel. Zur Linken erstreckte sich ein langes Tal, zur Rechten des Weges erhob sich ein Wald aus Rhododendren und immergrünen Eichen, bedeckt mit Farnen und einer Fülle zarter Herbstblumen; hier und da blühte die Virginia-Weinpflanze, und hier und da hatte eine blasse Passionsblume ihre eifrigen Ranken ausgeworfen und zwei edle Bäume befestigt. Plötzlich kam ein dicker weißer Welpe durch das Unterholz gestürmt; Er jagte eine Familie respektabler älterer Affen mit der für sein Alter und seine Rasse typischen Kühnheit. Der Welpe ist tatsächlich der Vater des Hundes; und Jervis, der langsam ging und sein Pony ihm folgte, erkannte diesen besonderen Welpen sofort als einen alten Freund. Er hatte ihn gekauft und Mrs. Brande vorgestellt, als ihr Kummer noch zu frisch war – und dieses ausgelassene, wohlhabende Tier war einst empört verschmäht worden! Wem gehörte er nun? Wer war sein Herr oder seine Geliebte? Man hörte leichte, junge Schritte, das Krachen kleiner Zweige, einen flüchtigen Blick auf ein weißes Kleid und eine besorgte Mädchenstimme, die „Tommy, Tommy, Tommy!" rief.

Eine weitere Sekunde später rannte Honor Gordon auf den Weg, etwa dreißig Meter vor Tommys Spender. Sie war fast atemlos, ihren Hut hatte sie in der Hand – möglicherweise war er ihr von einem neugierigen Ast entrissen worden, als sie dem Ausreißer nachjagte. Die weichen kleinen Locken auf ihrer Stirn waren zerzaust und sie hatte eine ungewöhnlich leuchtende Farbe
.

Als Marks hungrige Augen ihr Gesicht verschlangen , dachte er, er hätte sie noch nie so hübsch gesehen. Er nahm all seine Selbstbeherrschung zusammen – es durfte kein Zurück in die „alten Zeiten" geben, kein Stöhnen darüber, „was hätte sein können". NEIN; er war der Stärkere und musste ein strenges Beispiel geben.

Ganze zwanzig Sekunden lang herrschte Totenstille, eine Stille, die nur durch das Plätschern eines schneebedeckten Gebirgsbachs unterbrochen wurde, der verweilend durch die Farne und Orchideen floss – die sich zu bücken und zu beugen schienen und aufmerksam seinem schüchternen silbernen Gesang lauschten.

„Wie verändert war er!" dachte Honor mit einem seltsamen Engegefühl im Hals, „nur drei kurze Monate, und der strahlende Ausdruck fröhlicher Jugend war aus seinem Gesicht verschwunden."

"Ah!" rief sie mit größter Anstrengung aus. „Ich hatte eine Ahnung, dass ich dich bald sehen würde – ich habe es geträumt!"

„Träume verlaufen manchmal gegensätzlich", antwortete er mit einem eher starren Lächeln.

„Und wie klug von Tommy, dich zu finden! Der liebe Hund hat sich an dich erinnert."

„Nun, bis jetzt hat er keinerlei Anzeichen dafür gezeigt, dass er mich erkannt hätte; im Gegenteil, er hat mich getötet. Er ist auf der Jagd nach einigen ehrwürdigen Lumgooren . Wie lange ist es her, seit er mich gesehen hat?" fragte Mark.

„Der Tag des Junggesellenballs. Ich erinnere mich, dass du ihm ein *Baiser gegeben* und ihn fast getötet hättest! Es war am achten Juni. Dies ist der zehnte September; nur drei Monate und zwei Tage."

„So ist es", gab er mit erzwungener *Lässigkeit zu* .

"Lebst du hier in der Nähe?" Sie fuhr fort.

„Etwa vier Meilen, über einen Ziegenpfad über diesen Hügel."

„Bitte, ist dir bewusst, dass wir unten mit einer halben Shirani picknicken ?"

"Ja, ich weiß; aber hoffentlich kein weiteres Hungerpicknick?"

„Und doch", ohne auf seinen unpassenden Scherz zu achten, „sind Sie nie gekommen, um uns zu besuchen, und wir reisen morgen ab!"

Er schaute nach unten, um ihren fragenden Blicken auszuweichen, und gab außer einem schwachen, halb erstickten Seufzer keine Antwort.

„Wenigstens sind wir noch Freunde", drängte sie und schluckte etwas hinunter.

"Ja immer; aber ich dachte, ich sollte besser wegbleiben. Die Shirani-Leute würden mich für einen Geist halten, und ich könnte ihre Nerven verärgern. Was sind die neuesten Sendernachrichten?"

„Unsere neueste Nachricht ist, dass Frau Sladen zu Weihnachten nach Hause gehen soll. Miss Clover ist mit Captain Burne verlobt und Miss Paske mit Sir Gloster Sandilands", antwortete sie steif.

„Armer Toby! Ich nehme an, meine früheren Bekannten glauben, ich sei in England – wenn sie überhaupt jemals an mich denken?"

Sie zögerte, drehte ihren Ring immer wieder und sagte dann:

„Deine Freunde", mit Nachdruck, „wissen, dass du in diesem Land bist und dich um deinen Vater kümmerst." Wie geht es ihm?"

„Wunderbar besser, danke."

„Und du – du warst krank?" bemerkte sie ziemlich zitternd.

"In der Tat nicht; Ich war nie in meinem Leben besser. Natürlich haben Sie Waring gesehen, bevor er unterging?"

„Nein", mit unbestreitbarer Verlegenheit. „Tatsächlich hat er Ihr Beispiel nachgeahmt und auf alle Abschiede verzichtet. Er – er – ist ziemlich plötzlich gegangen", und sie errötete .

„Warum zögerst du?" schaut sie aufmerksam an. "Was hat er *getan* ? Er hat etwas getan, das sehe ich."

„Es war eher das, was er *nicht* getan hat", mit einem verhaltenen Lachen. „ Natürlich geht es mich nichts an. Er hat keine seiner Rechnungen bezahlt. Ich bin mir nicht sicher, ob ich es dir sagen soll."

„Und ich bin ganz sicher, dass du das auch tun solltest", antwortete er entschieden.

„Aber er hat so viele Schulden hinterlassen, und keine – Adresse –"

„Schulden?" wiederholte er ungläubig.

„Ja, er hat für nichts bezahlt. Clubkonten, Kartenkonten, Messerechnungen, Dienstbotenlöhne – nicht einmal die Rechnung seines Inhabers für Garn, Knöpfe und Schwärzung. Die Leute", mit einem nervösen kleinen Lachen, „scheinen zu denken, dass das die größte Ungeheuerlichkeit von allen war!"

"NEIN!" rief Mark und sein blasses Gesicht färbte sich leuchtend rot. „Ich werde dir von etwas Größerem erzählen." Ich wusste, dass er den Großteil unseres gemeinsamen Geldes ausgegeben und verschwendet hatte, und an dem Tag, als ich das letzte Mal in Shirani war, sammelte ich die Rechnungen ein und gab ihm alles Geld, das ich auf der Welt hatte – einen Scheck über fünfhundert Pfund –, um unsere Angelegenheiten zu regeln . Er schwor bei seiner Ehre , dass er sie sofort bezahlen und mir die Quittungen schicken würde. Jetzt glaubt natürlich jeder in Shirani, dass ich ein ebenso großer Betrüger und Dieb bin wie er! Sie müssen natürlich annehmen, dass ich – ich – von meinen Gläubigern abgehauen bin! „Mit zunehmender Wärme verstehe ich jetzt, warum Sie stammelten und zögerten, als ich fragte, ob ich nicht vergessen sei." Vergessene! Ich werde jahrelang im Gedächtnis der Menschen weiterleben – nach dem Grundsatz: ,Das Böse, das die Menschen tun, lebt nach ihnen fort'."

„Es tut mir leid, dass ich dir gesagt habe –", begann sie eifrig.

„Und die Schuld daran habe ich vor allem bei mir selbst. Es war ein Idiot, Waring zu vertrauen. Ich hatte eine Lektion gehabt; aber – ich war halb verrückt wegen meiner eigenen Probleme und beschloss, mich sofort von Shirani loszureißen. Ich hatte das Gefühl, wenn ich bliebe, könnte ich der Versuchung nachgeben – gute Vorsätze und neue Eindrücke könnten verblassen – und ich würde vielleicht nie wieder hierher zurückkehren …"

Der Welpe, von den verächtlichen Lumgoors missachtet und gemieden und von seinen enormen Anstrengungen erschöpft, hockte nun auf dem Weg und lauschte offenbar mit offenem Mund jedem Wort.

Auch das graue Pony war näher gekommen und rieb ab und zu seinen schönen Kopf an der Schulter seines Herrn, als wollte er sagen : „ Genug mit solchen Täuschungen; Lass uns weitermachen!"

„Das ist schrecklich!" fuhr Mark fort. „Ich hasse es, einen Penny zu schulden, und ich habe keine Möglichkeit, unsere gemeinsamen Schulden zu begleichen, denn Waring hat den Scheck verschlungen."

„Und dein Onkel?"

„Er hat noch nie geschrieben. Aus seiner Sicht habe ich ihn grausam behandelt, und es tut mir furchtbar leid, dass er so denkt, denn ich habe ihn sehr gern. Natürlich hat er mit mir Schluss gemacht." Und mit einem grimmigen Lächeln: „Ich bin jetzt in nüchterner Wahrheit – ein *wirklich* armer Verwandter." „Ich bin ein hübscher Kerl", fuhr er fort, „ich habe in den letzten fünf Minuten nur von mir selbst geredet – und von Geld – Geld – Geld." Erzähl mir von *dir*. Hast du eine gute Zeit?"

" *Eine gute Zeit!* ," wiederholte sie mit einem Aufblitzen ihrer dunkelgrauen Augen.

„Ich bitte um Verzeihung, Honor", sagte er demütig. „Aber es war einer meiner wenigen Trost, wenn ich durch diese Hügel streifte, zu denken, dass du glücklicher warst als ich."

„Und hatte *dich vergessen* ?" fügte sie ausdrucksvoll hinzu.

„Und", mit einem leichten Zittern in seiner Stimme , „ hatte *mich vergessen* ."

"Niemals!" sie kam mit leidenschaftlicher Energie zurück.

„Ja – das wirst du, mit der Zeit; vielleicht erst in zwei oder drei Jahren – denn du bist nicht wie andere Mädchen. Ich bin dein erster Liebhaber – nichts kann mich dieser Erinnerung berauben."

„Nein, nichts", gab sie fast flüsternd zu.

„Aber, wissen Sie, man sagt, eine Frau heiratet im Allgemeinen ihre *zweite* Liebe", mit mühsamer Anstrengung, ruhig zu sprechen.

„Wie ruhig Sie über meine Liebhaber und meine Zukunft sprechen können!" rief Honor empört. „Oh, wie hart bist du geworden – wie kalt – wie grausam!"

„Grausam – wenn ich grausam bin – nur um freundlich zu sein", antwortete er ruhig. „Denn in den kommenden Jahren wirst du mir danken – und denken –"

„Ich denke", unterbrach sie mit einer erbärmlichen kleinen Geste, „dass, wenn wir uns so – selten – kaum jemals – treffen, dass Sie –" hier versagte ihr ihre Stimme völlig.

Sie war viel blasser geworden und ihr Atem ging schnell, während sie versuchte, ein Schluchzen zu unterdrücken.

Mark widerstand dem wilden Drang, sie in seine Arme zu nehmen – und bückte sich stattdessen, um den Welpen hochzuheben.

„Dein Onkel hat meinen Brief bekommen?" fragte er in einem kühlen, formellen Ton.

„Ja, und war furchtbar besorgt; aber er sagte, Sie seien ein Ehrenmann und Ihre und seine Ansichten seien identisch – aber – ich stimme ihnen nicht zu."

„Du stimmst ihnen nicht zu! Wie meinst du das?"

„Er hat es natürlich Tante erzählt – und natürlich habe ich darauf bestanden, dass sie es *mir erzählt* . Schließlich war es meine Angelegenheit. Ich kenne das Hindernis – ich bin trotzdem bereit, deine Frau zu sein. Was die Armut betrifft –"

„Armut", unterbrach er schnell, „ist nicht die Frage! Ich habe selbst ein wenig Geld und könnte mich ans Steuer setzen und für Sie arbeiten, Herr. Es ist nicht so – es ist so, dass meine Zukunft von einem ererbten und unversöhnlichen Feind überschattet und meine Vernunft verfolgt wird . Ich habe kein Recht, einen anderen in die Grube zu ziehen – und, bitte Gott, das werde ich auch nie tun! Als ich ein sanftes, luxuriöses Leben führte, in jenen Tagen, die Jahre her zu sein schienen, sehnte ich mich nach einer schwierigen Aufgabe , etwas, das ich tun konnte, um mich hervorzuheben und mich von anderen Männern abzuheben. Meine Aufgabe wurde mir zugewiesen; es ist nicht das, was ich mir gewünscht habe –"

"NEIN!" warf Honor ein, deren Herz mit rasender Verzweiflung gegen ihr Schicksal kämpfte. „Ihre Aufgabe ist es, auf alles zu verzichten – auf die Welt, auf Freunde, auf Reichtum und auf *mich* – und sich in diesen abgelegenen Hügeln zu vergraben, bei einem verrückten alten Herrn, der das Opfer nicht realisieren kann. Nicht!" Mit einer ungeduldigen Handbewegung sagte sie: „Ich weiß, dass *ich* spreche, als wäre *ich* verrückt, und zwar auf meine alte törichte Art." Ich weiß in meinem Herzen, dass Sie das Richtige tun – dass Sie es nicht anders tun könnten, und ich – ich bin stolz auf Sie."

Dann, als sie in sein hageres, verändertes Gesicht und seine elenden Augen schaute und einen Blick auf den echten Mark unter seiner Rüstung des Stoizismus erhaschte – „ Aber, oh, es ist schwer – es ist schwer –", fügte sie hinzu, während sie sich bedeckte ihr Gesicht mit ihren Händen und weinte.

"Ehre! Um Himmels Willen, tun Sie es nicht – tun Sie es nicht – ich flehe Sie an! Ich kann das nicht ertragen. Ich würde alles, womit ich zu kämpfen hatte, noch einmal durchgehen, um dir eine Träne zu ersparen. Die Umstände – das Schicksal – oder wie auch immer sie es nennen – sind zu stark für uns. Du darfst nicht zulassen, dass ich dir das Leben verderbe. Du weißt, dass ich dich lieben werde – dich nur, solange ich atme."

"Ich weiß, dass!" hob ihre feuchten Augen zu seinen. „Und du *wagst es* , mit mir von einer schönen Zeit zu sprechen, davon, meine zweite Liebe zu heiraten! Oh, Mark, Mark! wie konntest du?"

„Ich war brutal, das zu sagen. Ich dachte, es würde es dir leichter machen – wenn –" und seine Stimme brach – „ manchmal – wenn – du an mich denkst –"

„Das wird jeden Tag sein – und oft. Und jetzt muss ich gehen. Ich war schon spät genug dran, als Tommy weglief. Ich hatte Angst, dass ihm das Schicksal des armen Ben widerfahren könnte. Wirst du mit mir bis zur Kuppe des Hügels kommen, wo sich unsere Wege trennen?"

„Ja – für immer getrennt !" fügte er hinzu.

Als sie sich umdrehten, stellte sie ihm viele Fragen über sein Leben, seine Mitarbeiter und seine Berufe. Er seinerseits machte das Beste aus allem und bemalte den Gelben Bungalow, die Gärten, die Pflanzgefäße und die Missionare mit wunderschönen Farben .

„Und gibt es in deiner Nähe keine weißen Frauen?" sie erkundigte sich. „Haben Sie, seit Sie Shirani verlassen haben, noch nie eine Dame getroffen, mit der Sie sprechen konnten?"

„Ja, ich habe einen Bekannten und einen, der mit Ihnen befreundet ist. Ich glaube, sie ist eine Perserin. Ihr kleiner Karneolring war eine starke Verbindung zwischen uns. Sie ist eine höchst mysteriöse Person. Niemand kann sagen, wer sie ist oder woher sie kommt. Wir wissen nur, dass sie ihre gegenwärtige Zeit damit verbringt, Gutes zu tun, Kranke und Sterbende zu pflegen. Sie erzählte mir, dass Sie die Geschichte ihres Lebens kannten – Sie allein – –"

„Es ist wahr", senkte sie beim Sprechen den Kopf und richtete den Blick auf den Boden.

„Sie schreckt vor jeder Beobachtung zurück, aber sie verbirgt sich nicht vor *mir* – um deinetwillen; Wir reden ständig über dich, ich könnte sagen immer."

„Dann gib ihr bitte eine Nachricht von mir. Sagen Sie ihr, dass ich oft an sie denke, und fragen Sie sie, ob ich ihr schreiben darf oder ob sie mir schreiben wird?"

„Man vergisst, dass sie eine Perserin ist. Wie kann sie dir überhaupt schreiben?"

Honor errötete schmerzhaft und drehte ihren Ring immer wieder, bevor sie sprach, und dann sagte sie:

„Bitte geben Sie ihr trotzdem die Nachricht. Ich – ich – kann es schaffen, dass ihr Brief gelesen wird. *Ich* werde es verstehen."

Sie waren jetzt an dem Punkt angelangt, an dem ihre Straßen auseinander gingen – seine führte am Hügel entlang, ihre führte hinunter ins Tal. Sie hielt einen Moment inne und streichelte den glatten, harten Hals des grauen Ponys. dann drehte sie sich um und reichte dem Herrchen des Ponys beide Hände. Sie sahen einander mit traurigen, weißen Gesichtern an und lasen die Tragödie ihres Lebens in den Augen des anderen. Dann riss sie plötzlich ihre Finger aus seinem Griff und rannte mit Tommy hinterher den Hügel hinunter. Jervis blieb dort, wo sie ihn zurückgelassen hatte, bis das allerletzte Echo ihrer Schritte verklungen war.

„Und das ist ein Geräusch, das ich *nie* wieder hören werde", stöhnte er laut, warf sich auf die Wurzel eines Baumes und bedeckte sein Gesicht mit seinen Händen. Wie lange er in dieser Haltung blieb, wusste nur das graue Pony! Nach und nach wurde er des Wartens müde – denn er war entweder zu gut genährt oder zu mitfühlend, um zu grasen –, er kam und rieb seine weiche schwarze Schnauze an den kurzen braunen Locken des Mannes (seine Mütze lag auf dem Boden). Es war sein dürftiger kleiner Versuch, Trost zu spenden, und weckte seinen Besitzer wirksam, auch wenn es ihn nicht tröstete, denn was konnte ein stummes Tier schon von den großen Nöten des menschlichen Herzens wissen?

Honor kam zu spät zum Tiffin, als sie ankam, war gerade Zeit für den Nachmittagstee. Sie fand den Bungalow in einem Zustand ungewöhnlicher Aufregung vor. Auf den Gesichtern der Diener war deutliche Aufregung zu erkennen, und im barfüßigen Gang des Trägers lag ein Ausdruck besonderer Wichtigkeit (war das möglich) – er schien jetzt fast ausschließlich auf den Fersen zu gehen.

Mrs. Brande saß an einem Schreibtisch und begann Dutzende Notizen und zerriss sie; Ihre Mütze saß schief, ihr blondes Haar war zerzaust und ihr Gesicht war tief gerötet. Was könnte passiert sein?

„Oh, Ehre, mein Kind, ich dachte, du würdest nie zurückkommen, ich habe mich nach dir gesehnt", stürmte sie auf sie zu. „Aber wie weiß du aussiehst, Liebling; Du bist zu weit gegangen. Sind Sie krank?"

„Nein, nein, Tante. Was ist es? Da liegt etwas in der Luft. Was ist passiert?"

Als einzige Antwort legte Mrs. Brande ihr unerwartetes Gewicht auf die schwache Schulter ihrer Nichte und brach in laute, hysterische Tränen aus.

„Denk nur, liebes Mädchen!" – krampfhaftes Schluchzen – „ ein Kuli ist gerade gekommen – und hat einen Brief von P. mitgebracht – sie haben ihn zu einem KCB gemacht" – lautes Schluchzen – „und deine arme alte Tante – ist – *eine Dame bei zuletzt* !"

KAPITEL XLIII.
„VERLOSEN SIE ES!"

„Major und Mrs. Granby Langrishe bitten um die Ehre der Gesellschaft von Mr. und Mrs. Blanks in der St. John's Church um zwei Uhr nachmittags des 20. Inst., um bei der Hochzeit ihrer Nichte und Sir Gloster Sandilands anwesend zu sein ."

Diese reich mit Silber geprägten Einladungskarten waren in fast jedem Wohnsitz in Shirani zu sehen. Das Hochzeitskleid war auf dem Weg von Madame Phelps in Kalkutta. Der Kuchen und der Champagner waren tatsächlich im Haus. Es sollte keine Brautjungfern geben, nur zwei kleine Pagen – „ die waren billiger", sagte sich Mrs. Langrishe ; „Ein paar Mädchen würden Schmuck und Blumensträuße erwarten." Glückliche Frau Langrishe , die mit Briefen und Glückwunschtelegrammen überhäuft worden war. Sie hatte tatsächlich bewiesen, dass sie *die* kluge Frau der Familie war. Es war ihr Triumph – mehr als der von Lalla – und sie strahlte vor Stolz und Zufriedenheit. Ja, ihre Selbstbeglückwünsche waren inbrünstig. Sie zählte die Tage, bis ihr grausamer kleiner Inkubus als Lady Sandilands unterging . Ein kleiner Inkubus, fest auf den Schultern eines anderen Menschen befestigt – ein Leben lang!

Lalla war ganz mit Briefen, Aussteuer und Vorbereitungen beschäftigt. Sie sollte die Hauptrolle in einer großen Burleske übernehmen, die Toby Joy speziell für sie geschrieben hatte. Die Burleske gab es schon seit zwei Monaten und sollte die Shirani-Saison zu einem würdigen und angemessenen Abschluss bringen. Das Stück hieß „Sindbad der Seemann". Lalla hatte ihre Lieder und Tänze eifrig geprobt, bis sie aufgefordert wurde, eine andere Rolle zu spielen – die Rolle der *Verlobten von Sir Gloster* .

Sir Gloster mochte keine Burlesken; Er hatte Miss Paske noch nie in ihrem wahren Element gesehen – noch nie hatte er sie tanzen sehen. Es entsprach nicht ihrer künftigen Position, dass sie in den Gremien auftauchte. Nein, nein; Er versicherte ihr, dass er etwas altmodisch sei, das würde seiner Mutter nicht gefallen. Sie muss ihm versprechen, die Idee aufzugeben und nie wieder öffentlich aufzutreten. Aber Lalla war hartnäckig; sie würde nicht ganz nachgeben. Auf Drängen von Toby Joy und der Theatertruppe – die das Gefühl hatte, dass sie ohne ihren eigenen strahlenden Star nicht durchkommen könnten – hielt sie auf höchst unvernünftige und erstaunliche Weise durch. Schließlich gab sie nach und erklärte: „Sie würde türkische Hosen tragen, wenn er wollte!" Dies verkündete sie widerstrebend, als würde sie ein enormes Zugeständnis machen.

„Er wollte sicher *nicht*, dass sie türkische Hosen trägt!" er kehrte sehr empört zurück. „ *Wie* konnte sie so einen schrecklichen Vorschlag machen?" Er war schwerfällig und träge, aber er konnte jedem Plan, der ihm missfiel, ein totes, bleiernes Gewicht des Widerstands entgegensetzen. Dies nannte *er* „männliche Entschlossenheit"; aber Lalla hatte einen anderen Namen dafür – „ starrer Eigensinn!" Sie überredete, versprach, schmeichelte, weinte und bearbeitete ihren verliebten Liebhaber jedoch so erfolgreich, dass er ihr widerstrebend erlaubte, einen sehr kleinen Anteil zu übernehmen, um ihren Namen nicht von den Rechnungen zu streichen; aber dies sollte definitiv „ihr letzter Auftritt" sein, und sie könnte es auf den Plakaten bekannt geben, wenn sie wollte. Er selbst wurde aus dringenden Gründen nach Allahabad gerufen – um tatsächlich eine Regelung zu vereinbaren – und er fürchtete, er würde nicht anwesend sein; aber er würde sein Bestes tun, um bis zum Ende der Woche zurückzukehren.

Miss Paskes Rolle, die Tanz- und Gesangspartie, wurde einer sehr minderwertigen Darstellerin übertragen – der Verzweiflung des Bühnenmanagers und ein äußerst hoffnungsloser Stock. Freddy Joy, der angesichts des sicheren Scheiterns der Burleske in beklagenswerter Stimmung war, und – was auch sonst noch passiert – kam am vorletzten Abend vor dem Stück zu Lalla.

„Sie hat Grippe – also ist alles *in Ordnung* ", täuscht er vor, sich die Haare zu reißen, „und jeder Platz im Haus ist für zwei Nächte verkauft, und – eine schreckliche Rechnung für Kleider und Immobilien." Was soll aus mir werden? Kannst du es nicht nehmen? Es war deine eigene Rolle – du machst das großartig – kein Profi konnte dich schlagen. Komm, Lalla!"

„Ich habe versprochen, nicht zu tanzen", antwortete sie mit ernstem Gesicht.

„Zeit genug, sich nach der Heirat mit Versprechungen zu befassen! Nehmen Sie *jetzt* Ihre Affäre – Sie haben nur zehn Tage – Sie werden nie wieder tanzen."

„Nein, niemals", stöhnte sie.

„Er ist auch weg", drängte dieser böse Junge; „er kommt erst am Samstag hoch; er wird es nicht erfahren, bis alles vorbei ist, und dann wird er stolz sein wie ein Pfau. Du hast deine Kleider, du hattest alles bereit, bis er kam und die ganze ‚Trickkiste' verdarb." Und Toby sah unaussprechlich aus. „Hat er deiner Tante etwas gesagt?" er hat gefragt.

„Nein – kein Wort. Glauben Sie nicht, dass ich es *ihr erlaube* , sich in meine Angelegenheiten einzumischen? Es war nur zwischen ihm und mir –"

„Nun, Sie können ihn leicht glätten – und wenn Sie nicht Ihre eigene Originalrolle übernehmen, muss ich heute Nachmittag einen Lakaien vorbeischicken, um zu sagen, dass die Burleske wegen der Krankheit der Primadonna verschoben wurde – „Unfähigkeit" ist das richtige Wort. Aber du bist ein Ziegelstein, und du wirst es nicht *so weit kommen lassen* ; Du wirst uns niemals im Stich lassen."

Ein kleiner tanzender Teufel in jedem Auge versicherte ihm eifrig, dass sie sie nicht im Stich lassen würde! Ja, die kombinierten Bitten ihrer eigenen Gruppe – ihre Komplimente und Schmeicheleien – ihr eigenes hungriges Verlangen nach dem, was Toby „einen letzten Seitensprung" nannte, brachten den Punkt auf den Punkt. *Er* würde erst am Samstag zurück sein. Das Stück war für Mittwoch, Donnerstag und Freitag, und sie konnte ihn (wie sie glaubte) leicht überreden. Ja, sie hatte sich vorgenommen, Peri zu spielen; und sie teilte ihrer Tante mit ihrer beiläufigsten Miene mit, „dass man sie dazu überredet hatte, die Hauptrolle zu übernehmen; dass Miss Lane krank war (und auf jeden Fall ein absoluter Fehlschlag gewesen wäre); dass sie nicht so schändlich *egoistisch sein konnte* , dass sie jeden enttäuschte; dass der Erlös einer Wohltätigkeitsorganisation zugute kam (nach Begleichung der Rechnungen würde es nicht mehr viel Spielraum geben)", und Frau Langrishe , die Lallas Versprechen nicht kannte, stimmte wie üblich zu. Sie schloss sich nun allen Vorschlägen ihrer Nichte mit überraschender Liebenswürdigkeit an und versicherte sich, dass die Tage ihrer Befreiung von „einem Mädchen unter Tausenden" unmittelbar bevorstanden!

Die Burleske von Sinbad war wunderschön inszeniert, großartig gespielt und ein voller Erfolg. Es wurde festgestellt, dass Miss Paskes Tanz und Gesang eines Londoner Theaters – wenn nicht eines Varietés – würdig seien. Man diskutierte über sie, wo immer sie sich trafen, und alle Männer beeilten sich wie in einer Gruppe, um Plätze für die nächste Aufführung zu reservieren.

Die Damen waren nicht ganz so begeistert; Tatsächlich fragten sich einige von ihnen, wie es Sir Gloster gefallen hätte?

Sir Gloster, auf den Flügeln der Liebe, hatte bereits die Hälfte seiner Rückreise hinter sich. Er hatte sein Geschäft mit unerwarteter Schnelligkeit erledigt und frühstückte in einem bestimmten Dâk- Bungalow, umgeben von vielen Paketen und Kisten. Hier schlossen sich ihm zwei Subalterne an, die in die entgegengesetzte Richtung eilten, nämlich von Shirani in die Ebene. Sie waren von der Unterhaltung des letzten Abends erfüllt und konnten nur über die Burleske reden.

„Es war ziemlich erstklassig", versicherten sie ihrem Mitreisenden . „In London war es nicht zu schlagen – nein, nicht einmal im Empire. Miss Paske war einfach der Hammer!"

„Ja", entgegnete Sir Gloster selbstgefällig, „ich glaube, dass in ihrem Schauspiel eine Menge gutes Gefühl steckt, aber sie hatte nur eine Nebenrolle."

„Segne dein einfaches, unschuldiges Herz!" rief die andere aus, „sie war die Hauptfigur; sie war die ganze Show; Sie hat die Rechnung erfüllt."

„Darf ich fragen, was du meinst?" forderte der Baronet mit feierlicher weißer Würde.

„Sie war die Peri – wussten Sie das *nicht* ? Sie tanzt genauso gut wie Lottie Collins oder Sylvia Grey, nicht wahr, Capel?" appellierte eifrig an seinen Kameraden.

"Ja; und ich wäre heute Abend wieder zu ihr gegangen, nur für dieses abscheuliche Kriegsgerichtsverfahren. Ich gab Manders mein Ticket, da er keinen Platz bekommen konnte. Sie zeichnet sich wie ein brennender Schornstein; Es gibt kein Einklemmen an der Tür – selbst Fensterbänke waren knapp. Sie sollten weitermachen, Sir Gloster; Natürlich *Du* bekommst einen Platz", mit einem vielsagenden Lachen. „Dies ist die letzte Aufführung, und, auf mein Wort, Sie sollten sie nicht *verpassen* ."

Sir Gloster blieb stumm. War es möglich, dass seine kleine Lalla, die ihm so süße, liebenswerte Briefe schrieb, absichtlich ihr Wort gebrochen und sich ihm widersetzt hatte?

Schon beim bloßen Gedanken an ein solches Verbrechen wurde sein weißes, schlaffes Gesicht starr. Sehen war Glauben. Er würde den Rat dieses verrückten jungen Mannes befolgen und sich beeilen. Er könnte es schaffen, an diesem Abend um acht Uhr in Shirani zu sein – gerade rechtzeitig, um sich anzuziehen und zum Theaterstück zu kommen.

Sein Zorn war heiß in ihm – und der Zorn eines ruhigen und lethargischen Menschen ist, wenn er einmal geweckt wird, eine sehr tödliche Sache. Seine kräftigen Hügelponys trugen die erste Wucht seiner Empörung; und Sir Gloster, der von Natur aus ein schüchterner Reiter war, schlug ausnahmsweise die Angst in den Wind und galoppierte ebenso rücksichtslos wie Toby Joy selbst. Er kam gerade rechtzeitig im Club an, um ein paar Bissen zu trinken, sich umzuziehen und sich auf den Weg ins Theater zu machen. Er bekam keinen Sitzplatz, aber „er könnte, wenn er wollte, mit dem Rücken zur Wand in der Nähe der Tür stehen", und für dieses stattliche Privileg zahlte er vier Rupien – das bestbezahlte Geld, das er je investiert hatte. wie er später erklärte. Der Vorhang war bereits aufgegangen; Die Szene sah wunderbar wie ein Märchenland aus. Toby Joy hatte gerade ein wichtiges aktuelles Lied beendet, als ein großes Ei vorsichtig auf die Bühne gerollt wurde. Die Eierschale öffnete sich ohne die Verwendung eines Löffels und brachte ein äußerst exquisites Geschöpf zum Vorschein, den Peri, dessen Erscheinen das Signal für donnerndes Händeklatschen war. Die Peri – ja – war Lalla, in sehr kurzen, flauschigen Unterröcken, mit einem funkelnden

Stern im Haar – sein eigenes Geschenk, wie Sir Gloster mit einem zusätzlichen Anfall der Empörung feststellte.

Dann begann sie zu tanzen.

Nun sei bekannt, dass ihr Auftritt vollkommen anständig und herrlich anmutig war. Lallas flüchtige Füße berührten kaum den Boden und sie tanzte wie aus purer Freude und Leichtigkeit des Herzens. (Toby Joy tanzte, als hätte er *le diable au corps* .) Nachdem er die Zuschauer zehn Minuten lang mit mehreren völlig neuen Variationen in seinen Bann gezogen hatte, schloss Lalla mit der Drehung vom Abschlag zum Bauch ab, die für den Tänzer das ist, was der hohe Ton ist. Am Ende eines Liedes geht es an den Sänger!

Das Ergebnis dieser Bemühungen war ein Hurrikan tosenden Applauses, an dem Sir Gloster keinen Anteil hatte; er war kein Theaterbesucher – er war provinziell. Seine Mutter und sein Umfeld waren streng evangelisch; und während seine *Verlobte* die ganze Station verzauberte, stand er finster und bleich an der Wand. Die einzige Figur, die ihm in den Sinn kam, war *die Tochter der Herodias*! Ehrlich gesagt hatte ihn der Auftritt mit Entsetzen erfüllt. Dass die zukünftige Lady Sandilands sich der öffentlichen Betrachtung auf diese Weise anbieten sollte; dass jeder , der vier Rupien zahlen wollte, diese unanständige Ausstellung sehen könnte – einschließlich Soldaten in Uniform zum niedrigen Preis von vier Annas!

Er war tatsächlich außer sich vor Wut und drängte sich mit gesenktem Kopf heraus, wie ein angreifendes Tier. Nur wenige bemerkten ihn oder seinen überstürzten Abgang; Jeder hatte Augen für Lalla und nur für Lalla. Sie erhielt Ovationen und einen Schauer von Blumensträußen, als sie von Toby Joy vor den Vorhang geführt wurde, bescheiden knickste und ihr die Hand küsste. Anschließend blieb Miss Paske zurück, um unter der Begleitung der unschätzbaren Mrs. Dashwood ein fröhliches und *geselliges Abendessen zu genießen.* und Frau Langrishe ging, was kein ungewöhnliches Ereignis war, allein nach Hause.

Zu ihrem großen Erstaunen entdeckte diese Dame, dass Sir Gloster sie im Salon erwartete, und sie schloss aus seinem seltsamen und aufgeregten Aussehen, dass etwas Schreckliches passiert war.

„Ich habe darüber nachgedacht, Ihnen zu schreiben, Mrs. Langrishe ", begann er mit merkwürdig förmlicher Stimme, „aber ich habe es mir anders überlegt und bin stattdessen zu Ihnen gekommen. Zwischen deiner Nichte und mir ist alles aus."

Mrs. Langrishe wurde vollkommen wütend und ließ sich auf den nächsten Stuhl fallen.

„Bete, erkläre!" sie geriet schließlich ins Stocken.

„Miss Paske wird Ihnen zweifellos *erklären , warum sie mir das feierliche Versprechen gegeben hat, auf das Tanzen auf einer öffentlichen Bühne zu verzichten.* Widerwillig ließ ich sie ein letztes Mal in einer sehr kleinen Rolle auftauchen – der einer alten Amme. Ich kehre unerwartet zurück und entdecke sie in der Rolle eines Ballettmädchens, das sich – nun, ich muss es sagen – halbnackt vor ganz Shirani zur Schau stellt. Eine solche Person ist nicht geeignet, meine Frau zu sein. Sie hat ihr Wort gebrochen. Sie hat einen verdorbenen Geschmack; sie hat keine Bescheidenheit."

Dass Ida Langrishe noch erleben sollte, wie solche Schimpfnamen auf ihr eigenes Fleisch und Blut angewendet werden!

Sie bedeckte ihr Gesicht mit den Händen und schluchzte tatsächlich laut. Wer hatte schon einmal gesehen, wie Mrs. Langrishe zusammenbrach? Niemand.

„Oh, lieber Sir Gloster", begann sie hysterisch (sie würde jetzt all ihre Faszinationen brauchen), „Lalla ist so jung" (erst sechsundzwanzig). „Sie ist leicht zu bearbeiten, sie ist sehr gefragt; die Burleske wäre gescheitert – und das für eine *so* gute Wohltätigkeitsveranstaltung –, wenn sie nicht in der elften Stunde zugestimmt hätte, mitzumachen."

„Ich kann Ihre Ausreden nicht akzeptieren, meine liebe Frau" (sie winkt mit beiden dicken Händen, wie die Klappen eines wütenden Seehunds). „Ich könnte Miss Paske nie wieder vertrauen. Stellen Sie sich die zukünftige Lady Sandilands vor, die ihre Arme – und, entschuldigen Sie, ihre Beine – in unanmutigen Possen zur Schau stellt, um jeden zu belustigen, der zwei oder drei Rupien zahlen möchte. In der elften Stunde weigere ich mich absolut, sie zu heiraten!"

„Sie haben keine Angst vor einem Fall eines Versprechensbruchs?" fragte Frau Langrishe verzweifelt. Sie starb tatsächlich im letzten Graben.

„Nicht im Geringsten", war die kühne Antwort. „Kein Mann – kein Gentleman ist gezwungen, einen Amateur-Montebanker zu heiraten! Oh, wenn meine arme, liebe Mutter heute Nacht anwesend gewesen wäre, ich glaube, der Schock hätte sie getötet! Für kleine Gnaden bin ich jedoch dankbar; Ich bin dankbar, dass ich Miss Paske in ihrem wahren Gesicht gesehen habe , bevor es zu spät war!"

„Die Einladungen sind schon seit Tagen raus; die Aussteuer ist fast fertig; die Geschenke kamen in Scharen; der Kuchen ist tatsächlich im Haus, – was *soll* ich tun?" flehte die unglückliche Frau Langrishe voller Angst.

„Ich bin sicher, ich weiß es nicht. Ich wische meine Hände von der ganzen Angelegenheit. Ich gehe morgen früh hinunter.

"Morgen früh!" wiederholte die unglückliche Dame.

„Ja, ich habe keinen persönlichen Groll oder Groll gegen *Sie*, Mrs. Langrishe ", fuhr er fort, als würde er ihr einen großartigen Beweis der Großzügigkeit anbieten. „Es ist nicht Ihre Schuld, obwohl ich gestehen muss, dass ich immer dachte, Sie hätten Miss Paske ziemlich verwöhnt. Im vorliegenden Fall halte ich Sie jedoch für völlig unschuldig; aber *Noblesse verpflichtet* – und ich – a – könnte meine Mutter und meine Freunde wirklich nicht bitten, eine junge a – a – Dame zu empfangen – deren eigentlicher Bereich Pantomime und – all diese Dinge ist!" Und er winkte mit großer, zitternder Hand zum Abschied und stolzierte hinaus, und mit ihm sah Frau Langrishe Lallas glänzende Aussichten, ihren eigenen Ruf als kluge Frau und die solide Verkörperung eines immensen Aufwands an Nachsicht – Schmeichelei – und Rupien verschwinden .

Sie saß lange Zeit über dem erlöschenden Holzfeuer, ihr Gesicht hatte die Farbe der Asche.

Um drei Uhr morgens war Lalla (im Herzen eine echte Harfe) nicht zurückgekehrt, und ihr bevorstehendes Interview wurde daher um zwölf Stunden verschoben. Es war nach drei Uhr nachmittags, als Miss Paske in das Zimmer ihrer Tante schlenderte. Frau Langrishe war aufgrund der doppelten Wirkung einer schlaflosen Nacht und nervöser Kopfschmerzen niedergeschlagen.

Lalla hörte ihrem Ausbruch ungläubig zu. Sie hatte sich mit besonderer Sorgfalt gekleidet, alle ihre Blumensträuße gesammelt und beschlossen, mit ihrem trägen, gelassenen, etwas langweiligen *Verlobten eine hübsche kleine, halb bußfertige Szene aufzuführen* . Sie erwartete ihn jetzt jeden Moment. Was sagte ihre Tante da? Er war gekommen; und gesehen; und floh! Unmöglich! Er war letzte Nacht anwesend gewesen! Ausnahmsweise versäumte sie es offensichtlich, ihren Verwandten zu verspotten, zu lachen oder ihn in irgendeiner Weise zu unterdrücken oder zum Schweigen zu bringen. Oh! Sie war *verrückt danach gewesen* , Toby Joy zuzuhören, sie war immer zu leicht dazu bereit, sich von ihm überreden zu lassen. Er hatte nichts von der Gefahr gewusst, während für sie alles auf dem Spiel stand. Und ihre großartigen Aussichten, ihr Titel, ihre Diamanten rumpelten in diesem Moment in der klapprigen Posttonga rasch bergab .

Die Geschenke, die Einladungen, das Frühstück – was die Leute sagen würden, besonders ihre eigenen Leute, und die nicht unnatürliche Hochstimmung der alten Mutter Brande, die sie rücksichtslos mit Füßen getreten hatte – all diese Dinge gingen ihr durch den Kopf.

Sie würde natürlich *sofort* nach Hause geschickt werden. Was für eine schreckliche Aussicht. Bis zum Ende ihrer Tage zu bleiben, als eine Art

„Anschauungsstück", ein schreckliches lebendiges Beispiel, in der Ecke des großen, schäbigen Landhauses ihres Vaters. Ihren jüngeren Schwestern und anderen würde man sie als die alte Jungfer bezeichnen, die ihre Chance gehabt und sie vertan hatte!

Während dieser ganzen Zeit sprach ihre Tante fließend, unaufhörlich und leidenschaftlich, aber auf taube Ohren – denn Lalla lauschte auf ihre eigenen Gedanken und war zu sehr mit dem Lärm einer inneren Stimme beschäftigt, um auf diese Ergüsse zu hören.

Endlich fiel ihr ein Satz ins Ohr.

„Und was soll ich mit dem Kuchen machen, der zweihundert Rupien gekostet hat und jetzt in meinem Lagerraum liegt?" forderte Frau Langrishe dramatisch.

„Verlost es", rief Lalla mit einem rücksichtslosen Lachen, „oder macht noch ein Hungerpicknick und schenkt ihnen Hochzeitstorte und Zuckerschmuck!"

„ *Lalla!* „ schrie ihre Tante mit einer Stimme, die selbst für ihre engsten Freunde seltsam geklungen hätte. „Du bist der abscheulichste, prinzipienloseste, teuflischste –"

„Oh, mach dir keine Sorgen!" unterbrach Lalla wütend; Sie ging aus dem Zimmer und schlug mit einem Knall gegen die Tür, so dass selbst das Cheval-Glas an seinem Platz ins Wanken geriet.

In ihrer eigenen Laube angekommen, drehte Lalla den Schlüssel um, warf sich in einen Sessel und stieß dabei ein Paket vom Tisch neben sich. Sie bückte sich und hob es mechanisch auf. Es war ein Geburtstagsbuch, eines ihrer zahlreichen Hochzeitsgeschenke, und war an diesem Morgen angekommen. Sie öffnete es, um nach dem Vers zu suchen, der dem Datum des Tages gegenüberstand. Vielleicht würde es ihr einen Hinweis auf ihre Zukunftspläne geben. Denn Lalla war äußerst abergläubisch und gestaltete ihren Weg oft mit Hilfe der trivialsten Instrumente, die sie als Zeichen, Zeichen und Vorzeichen akzeptierte. So idiotisch und absurd es auch erscheinen mag, sie führte ihr ganzes gegenwärtiges Unglück nicht auf ihre eigene Täuschung und Torheit zurück – oh Gott, nein! –, sondern auf die katastrophale Tatsache, dass sie ein *grünes Kleid in ihrer Aussteuer* trug , und das gehörte ausschließlich Tante Ida tun, keine Schuld von ihr.

Ja, Lalla hatte ein neugieriges Temperament und eine Fantasie, die für jeden fantastischen Einfluss offen war. Während sie über die Blätter des Buches wirbelte, sagte sie sich: „Ich werde das als endgültig betrachten und daran festhalten, im Guten wie im Schlechten."

Es war der elfte September und die Zeilen lauteten:

„Zurückgezogen von allen, zurückhaltend und schüchtern,

Allein zum Grübeln geneigt."

Scott.

„Was für ein Blödsinn!" rief sie leidenschaftlich aus; Dann beschloss sie, wie alle unzufriedenen Fragesteller, ihren ersten Entschluss über Bord zu werfen und noch ein weiteres Experiment zu wagen – einen weiteren Sprung in die Lotterie des Schicksals.

„Ich werde sehen, was für den zwanzigsten – meinen Hochzeitstag, der hätte sein sollen –" steht.

Sie blätterte auf der Seite und die Zeilen lauteten:

„Er hat keinen Schilling und kümmert sich auch nicht."

Anon.

„So, das ist die Sache", rief Lalla, warf den Haken weg und ging schnell zu ihrem Schreibtisch.

Innerhalb weniger Stunden verbreitete sich die Nachricht von der zerbrochenen Allianz in ganz Shirani. Eine weitere Geheimdienstinformation wurde nur schwach geflüstert, aber nicht gewürdigt, denn sie war wirklich *zu* viel, als dass die Klatschmärsche sie auf einmal verdauen könnten. Im letzten Artikel hieß es, „dass Miss Paske und Mr. Joy gesehen wurden, wie sie in einem speziellen Tonga die Karrenstraße entlang flogen ." Sie waren weggelaufen – sie vor den Vorwürfen ihrer Tante und er vor seinem Regimentsdienst. Sie waren beide unerlaubt abwesend."

Diesmal erwies sich das Gerücht in jeder Hinsicht als wahr. Das Paar heiratete in der ersten Kirche, die sie besuchten, und schloss sich anschließend einer englischen Theatergruppe an, die in Indien auf Tournee war, und begleitete sie zu den Straits Settlements, nach China und Japan.

Toby und Lalla agieren unter dem Berufsnamen „Mr. und Mrs. Langrishe ", zur unsäglichen Empörung der rechtmäßigen Besitzer des Namens.

Lalla hatte ihrer Tante einen äußerst bösen, leichtfertigen, unverschämten, herzlosen, ja geradezu teuflischen Brief geschrieben, in dem sie erwähnte,

dass der Name Langrishe nun von Ehre und Ruhm umgeben sein würde –
und das zum ersten Mal.

Es dauerte viele Monate, bis die stattliche Ida ihr geistiges Gleichgewicht und
ihre Stimmung wiedererlangte. Die Erfahrungen, die sie durch „ein Mädchen
unter Tausenden" gemacht hatte, hatten sie erheblich altern lassen; In ihrem
glatten, elfenbeinfarbenen Gesicht sind jetzt viele Falten zu erkennen, und in
ihren gut gekleideten braunen Locken sind silberne Fäden zu sehen.

Jeder vermeidet stillschweigend das Thema abgebrochener Verlobungen,
Theateraufführungen und Nichten in ihrer Gegenwart; und es wäre eine
wirklich mutige Frau (wie es *nicht* Mrs. Brande ist), die es wagen würde zu
fragen: „Was ist aus ihrer bezaubernden Nichte geworden, die den Baronet
hätte heiraten sollen?"

KAPITEL XLIV.
EINE ROSE – FRANKREICH.

„Sahib, da kommt jemand – in einem Jampan", war die überraschende Ankündigung des Trägers an Jervis, der unter einem Baum im Garten saß und damit beschäftigt war, ein Porträt des Enkels des Trägers zu malen. Nun ist ein Jampan oder Dandy eine Art Bergsännchen und ein Fortbewegungsmittel, das ausschließlich Damen vorbehalten ist.

Wer könnte die Dame sein, die zum Pela Kothi kam? dachte der junge Mann und stand auf. Ehre? Unmöglich! Frau Brande? Nein – das große Picknick hatte sich vor zehn Tagen aufgelöst. Er eilte auf die Veranda hinaus und beschattete seine Augen mit der Hand. Ja, tatsächlich, ein Dandy, der von vier Männern getragen wurde und von dem einer einen riesigen weißen Regenschirm hielt – einer wurde rückwärts den Hügel hinauf getragen, gefolgt von einem Eingeborenen auf einem Pony und zwei Kulis mit Gepäck. Der *Zug* war deutlich auf dem Weg zum Haus, denn er bog von der Straße in den direkten Weg ein; Aber alles, was zu sehen war, war der weiße Regenschirm, der zwischen dem hohen Dschungelgras dahinschaukelte – und der weiße Regenschirm näherte sich, so sicher wie das Schicksal.

In der letzten Woche hatte Mark eine große Veränderung bei seinem Vater bemerkt. Während sich sein Geist erholte, schien seine körperliche Gesundheit zu versagen – die hundert Abwechslungen auf der Terrasse wurden jeden Morgen weniger, da die Schritte, die ihn voranschritten, immer schwächer wurden, und die tägliche Routine wurde nun gänzlich aufgegeben. Eine frühe Fahrt war Marks Hauptentspannung gewesen, dann ein Frühstück mit seinem Vater, danach las er ihm die Zeitung vor, redete mit ihm, ging mit ihm spazieren, bis Major Jervis gegen drei Uhr schlafen ging – und schlief bis dahin fast ununterbrochen Zeit für das Abendessen. In der Zwischenzeit ging sein Sohn zu einem der Nachbarn oder zeichnete – er hatte eine ganze Galerie von Typen und Porträts angefertigt – oder nahm seine Waffe, um sein Glück in den Hügeln zu versuchen.

Der Major zeigte sich abends immer von seiner besten Seite. Er genoss eine Partie Schach, Picquet oder *Ecarté*; und er redete gern über seine Erlebnisse, seine alten Freunde und Kameraden, rauchte, erzählte immer wieder dieselben langen Geschichten, und oft war es ein oder zwei Uhr morgens, bis sein Sohn ihn dazu überreden konnte Lösche seine Wasserpfeife und gehe ins Bett. Aber in der letzten Woche oder den letzten zehn Tagen hatte es keine späten Stunden gegeben, und kein Spaziergang durch den Garten oder Sonnenbaden, und Mark hatte den Ort nie verlassen. Er befürchtete, dass sein Vater einen Anfall erleiden würde – körperlich oder geistig, um das zu sagen, war er zu unerfahren – und hatte noch am selben Morgen eine Nachricht an Mr. Burgess geschickt , in der er ihn bat, herüberzufahren und seinen Patienten zu sehen .

Währenddessen kam der Besucher immer näher und der Regenschirm verbarg effektiv seine Identität. Zur gegebenen Zeit wurde der Dandy rückwärts auf die Veranda getragen, umgedreht und abgesetzt. Und siehe da – unter dem Sonnenschirm saß – Mr. Pollitt!

Mr. Pollitt, der überaus zufrieden mit sich selbst wirkte und eine hübsche Tweed-Norfolk-Jacke, eine Kuriertasche und einen Elwood-Helm trug. In einer Hand hielt er den Regenschirm, in der anderen einen indischen Bradshaw.

„Onkel Dan!" schrie fast sein Neffe.

„Da, mein Junge! Nun, nun, zerren Sie mich nicht – zerren Sie mich nicht. Lass mich raus; gib mir Zeit. „Ich", als er neben seinem Neffen stand, „dachte, ich würde dich überraschen." Und er schüttelte energisch die Hand.

„Eine Überraschung – das sollte ich einfach glauben! Wie um alles in der Welt haben Sie jemals den Weg hierher gefunden? Warum hast du nicht geschrieben?"

„Ich werde dir gleich alles erzählen – in der Zwischenzeit hol mir etwas zu trinken. Ich möchte kein Mittagessen – hol mir etwas zu trinken; und dann führe mich wie ein Pferd herum, denn meine Beine sind vom Sitzen in diesem höllischen Stuhl so steif, dass ich glaube, dass ich sie nicht mehr gebrauchen kann."

Während Mr. Pollitt einen Whisky und eine Limonade trank, wanderten seine kleinen Augen durch das große Esszimmer mit seiner verblassten Pracht, wanderten dann zu der unvergleichlichen Aussicht durch das offene Fenster und ruhten schließlich auf seinem Begleiter.

„Hallo Mark, mein Junge! Ich sehe, dass dieses Land nicht Ihrer Meinung ist."

„Nun, anscheinend passt es dir, Onkel Dan", war die lächelnde Antwort. „Du siehst auf jeden Fall sehr fit aus."

„Und wie geht es deinem Vater?"

„Eher wackelig, fürchte ich; er ist seit der letzten Woche kränklich. Er schläft gerade."

„Ah, sehr gut, dann kannst du *es* ihm erklären, wenn er aufwacht; Und in der Zwischenzeit muss ich *Ihnen* einiges erklären – zum Beispiel, warum ich hier bin. Also, geh mit mir nach draußen, wo ich meine Beine ausstrecken kann. Hier scheint es einen tollen Garten zu geben.

„Und jetzt, um meine Geschichte ganz von vorne zu beginnen", fuhr Herr Pollitt fort, während sie Seite an Seite auf und ab gingen, „ich habe natürlich Ihren Brief bekommen – und natürlich hat er mich furchtbar aufgeregt." Ich war wie ein Wahnsinniger, und es beruhigte mich nicht, wenn jemand immer wieder sagte: „Das habe ich dir gesagt; Stille Wasser sind tief!' und so weiter. Zuerst war ich entschlossen , Sie abzulenken und keine weitere Notiz von Ihnen zu nehmen. Ich war ganze zwei Wochen in diesem Geist und dann bekam ich eine weitere Mitteilung, die mich völlig verrückt machte. Durch meine Bank habe ich erfahren, dass Sie fünftausend Pfund von mir in Anspruch genommen haben. Jetzt wissen Sie, Mark", er blieb stehen und hob einen Finger. „Ich habe dir Geld nie gönnen, oder?" aber es so zu nehmen. Unterbrich mich nicht. Ich hatte Bostock und Bell stillschweigend mitgeteilt, dass ich Ihre Schecks in einem zusätzlichen kleinen Betrag einlösen würde , für den Fall, dachte ich bei mir, dass dem Jungen ein paar Hundert oder so fehlen – aber fünftausend! Ja ja; Ich weiß, dass du es nie hattest! *Unterbrich* nicht , sage ich dir; lass mich gleich weitermachen. Ich schrieb sofort nach Bombay und fragte nach Einzelheiten, und die Antwort kam zurück: ,Dass Mr. Jervis das Geld persönlich in Banknoten und Gold abgehoben und nach Australien gesegelt sei – mit einer *Dame* ... '"

Dame nach Australien gesegelt !" wiederholte Mark, der nun seinerseits auf dem Schotterweg stehen blieb.

"Ja. Zuerst dachte ich , dass ich das Ganze klar und deutlich sehe. Ihr Brief war ein Trick, um Zeit zu gewinnen. Sie wussten, dass ich strikt gegen Ihre Verlobung mit Miss Gordon war und dass ich wollte, dass Sie nach Hause kommen, also hatten Sie die Sache einfach selbst in die Hand genommen, sich etwas gegönnt, das Ihnen einen recht guten Start verschaffen würde, das Mädchen geheiratet und waren dorthin ausgewandert Kolonien. Diesen Gedanken behielt ich für mich, das kann ich jetzt sehr dankbar sagen, und ich machte mir Tag und Nacht Sorgen um das Geschäft. Die ganze Angelegenheit war anders als du; aber es war Clarence nicht sehr unähnlich. Und wo war Clarence? Ich dachte daran, zu schreiben und weitere Nachforschungen anzustellen – tatsächlich lag das Blatt Papier tatsächlich vor mir –, als ich plötzlich sagte: „Warum sollte ich nicht selbst rausgehen, anstatt Papier im Wert von zwei Pence oder einem halben Penny?" Frau Pollitt war in Homburg, ich war allein und hatte, um die Wahrheit zu sagen, kein Herz zum Schießen oder so. Um es auf den Punkt zu bringen: Anstatt zu schreiben, ging ich direkt zum P.-and-O.-Büro und buchte per Post meine Überfahrt nach Bombay. Ich dachte, ich würde einfach ruhig rausgehen und selbst sehen, wie das Land liegt. Ich bin Ende August rausgekommen. Puh! Mir ist jetzt heiß, wenn ich an diese Tage im Roten Meer denke – eine gleißende Sonne, ein eiserner Dampfer. Ich war wie ein Hummer im Fischkessel! Es erübrigt sich zu erwähnen, dass sich weder Lords noch Herzöge an Bord befanden; Aber ich reiste mit dem, was *besser zu mir passte* – einem ungewöhnlich klugen Anwalt, der in Bombay lebt, und der mir alles ermöglichte. Wir wurden gute Kumpel, und während wir eine Weile zusammen rauchten, erzählte ich ihm alles über meine Angelegenheiten und begab mich vorbehaltlos in seine Hände; und zum ersten Mal in meinem Leben habe ich etwas Kluges getan. Er wollte, dass ich bei ihm bleibe, aber ich quartiere mich in einem Hotel ein. Er hat mich jedoch rausgeholt, einen erstklassigen goanischen Diener für mich eingestellt, der Englisch spricht und mir die volle Verantwortung übernimmt, als wäre ich ein Baby, und er machte sich daran, das Scheckgeschäft aufzuspüren. Ich habe den Scheck gesehen – es war tatsächlich Ihre Unterschrift; aber das Schreiben von „fünftausend Pfund" war eine andere Hand – die von Clarence. Ich habe herausgefunden, dass er sich als Sie ausgegeben hat. Sein Foto wurde in der Bank identifiziert. Von der Dame konnte ich nichts hören; aber sie wurde in der Passagierliste für Melbourne als „Mrs." eingetragen. Jervis.' Also verlassen Sie Waring – und *er hat sich* als guter Kinderführer erwiesen!"

„Das ist noch nicht alles", platzte Mark heraus. „Er hat überall Schulden! Ich habe ihm das Kommando über alle unsere Gelder übertragen, und er hat jeden Penny verschwendet."

„Dienen dir sehr gut, richtig", erwiderte sein Onkel mit Nachdruck.

"Ja; das hat es auf jeden Fall getan. Am Tag meiner Abreise aus Shirani gab ich ihm außerdem einen Scheck über fünfhundert, um alles abzubezahlen. Ich war so beunruhigt, dass ich zu dem Schluss komme, dass ich den Scheck nie richtig ausgefüllt habe."

„Offensichtlich nicht, und Ihr kleines Versehen hat mich viertausendfünfhundert Pfund gekostet. Nun, das ist jetzt egal. Ich habe im Hotel schöne Geschichten über Clarence gehört – Leute, die sich am Tisch neben mir unterhielten; wie er gezockt, gewettet und Zwei gespielt hatte und den jungen Narren, mit dem er reiste, zu einer regelrechten Katzenpfote gemacht hatte, also zu *Ihnen* – eine unbestreitbare Tatsache. Nachdem ich Waring erledigt hatte, kam ich sofort, um Sie aufzusuchen, Master Mark. Pedro, das ist mein Freund, hat sich großartig um mich gekümmert, und ich habe so viele Abenteuer erlebt, wie einen Band von *Punch füllen würden* . Solange ich auf der Schiene saß, reiste ich bequem, abgesehen von der Hitze; Aber als die Schiene zu Ende war und ich mich in eine Kiste begeben musste – ich bin zu alt, um mit dem Reiten anzufangen –, tat es mir ungemein leid. Allerdings war alles, was ich sah, neu und interessant, die Landschaft großartig; Ich kam natürlich *über Shirani und unterbrach meine Reise bei den Brandes*

– Sir Pelham und Lady Brande. Übrigens hast du mir nie gesagt, dass er seinen Namen kennt! Äh, wie war das?"

„Und wie haben Sie die Brandes kennengelernt?" fragte sein Neffe ernst.

„Ah, das ist eine andere Geschichte! Und wie kamen *Sie* dazu, Sir Pelham zu sagen, dass in der Familie Jervis Wahnsinn herrschte, nicht wahr?"

„Weil es wahr ist. Und ich habe es erst gehört, seit ich hierher gekommen bin. Mein Großvater ist in der Irrenanstalt von Richmond gestorben, mein Onkel ist auf See über Bord gesprungen, mein Vater hat jetzt, Gott sei Dank, einen klaren Zustand, aber er ist schon seit Jahren verrückt."

„Lügen, jeder von ihnen!" entbrannte Mr. Pollitt.

„Onkel Dan, was meinst du?" forderte Jervis mit zitternden Lippen und einem Paar streng suchender Augen.

„Ich kenne die Familie Jervis; Warum, Mann, ich habe es mir zur Aufgabe gemacht, es zu studieren. Ihr Großvater, ein großartiger alter Soldat, ist in Richmond in seinem eigenen Haus gestorben, genauso gesund wie ich – in der Tat vernünftiger, denn ich war in letzter Zeit mehrmals kurz davor, den Verstand zu verlieren. Dein Onkel, edler Kerl, ist über Bord gesprungen, um Leben zu retten, und hat sein eigenes verloren. Der Kopf deines Vaters wurde durch einen Sturz gebrochen. Wer hat dir diesen anderen Blödsinn erzählt?"

„Fernandez, der Erbe meines Vaters. Er wurde von Mrs. Jervis, meiner verstorbenen Stiefmutter, informiert. Und es ist alles wahr, was du mir erzählst?"

„So wahr, wie ich ein lebender Mensch und Sünder bin. Ihr Vater glaubte zweifellos, jeder seiner Leute sei verrückt, eine Phase seiner eigenen Wahnvorstellungen."

„Onkel Dan", unterbrach ihn sein Neffe, „ich glaube nicht, dass du jemals begreifen wirst, was du für mich getan hast. Du hast mir das Leben und die Hoffnung zurückgegeben. Das war der Grund, warum ich Miss Gordon aufgegeben habe."

„Und sie steht dir immer noch treu", nickt nachdrücklich mit dem Kopf.

„Woher um alles in der Welt weißt du das?"

„Oh, ich weiß eine ganze Menge, wenn man bedenkt, dass ich erst seit zwei Wochen im Land bin! Mark, mein lieber Junge, ich sehe, dass all diese plötzlichen Neuigkeiten zu viel für dich sind.“

„Mach weiter – mach weiter“, rief der andere, bleich vor Aufregung; „Solche Nachrichten sind für niemanden zu viel .“

„Nun, wissen Sie, ich kam über diese verrückte, kurvenreiche Karrenstraße hoch – ich begann zu glauben, sie hätte kein Ende, wie eine Ewigkeit. Erinnern Sie sich an die Brunnen alle paar Meilen? Bei einem von ihnen blieben meine Kameraden stehen, um zu trinken und zu rauchen, und da war eine Dame, die ihr Pferd tränkte – ein bemerkenswert hübsches Mädchen, das auf einem schönen schwarzen Araber ritt. Sie hatte einen weißen Welpen auf ihrem Knie. Sie sah so freundlich aus, dass ich, obwohl ich, wie Sie wissen, ein schüchterner Mann bin, es wagte, mit ihr zu sprechen und sie fragte, ob der Weg irgendwo anders als nach China führe? oder ob sie jemals von Shirani *gehört hätte?* Ja, sie lebte dort; und es waren nur vier Meilen weiter. Wir gerieten ins Gespräch, wir gingen den gleichen Weg – ihr Pferd duldete den Welpen um keinen Preis, sondern bäumte sich auf und warf wie ein Verrückter umher. Sie hat ihn prächtig gesessen, muss ich sagen, und hat den Hund festgehalten wie der grimmige Tod; Sie sagte, er sei müde – und das Letzte und das Letzte daran war, dass *ich* den Welpen in den Dandy genommen habe, und von all den fiesen, zappelnden kleinen Tieren! – aber dieses Mädchen hat so schöne Augen – ich könnte alles für sie tun. Und ich würde gerne den Mann sehen, der ihr widerstehen könnte! Ich nannte ihr meinen Namen und sagte, ich sei hinter meinem Neffen hergekommen, und fragte sie, ob sie jemals von ihm gehört habe – sein Name sei Jervis. Sie wurde sofort leuchtend scharlachrot, das versichere ich Ihnen, und sagte „Ja“. Ich wagte es, nach ihrem Namen zu fragen. Sie sagte, es sei Gordon; und als ich antwortete: „Ich habe von *dir gehört* “, wurde sie, wenn möglich, noch röter. Wir wurden in kürzester Zeit dick wie Diebe. Ich stieg aus und ging neben ihr her, wobei ich tatsächlich den Welpen trug – denn er wollte nicht allein im Dandy sitzen – und sie erzählte mir viel über das Bergvolk und die Berggipfel und brachte mir ein paar Wörter Hindi bei . Ich erkundigte mich nach einem Hotel, und sie erklärte, dass es keines gäbe und ich zu ihrem Onkel kommen müsse; er und ihre Tante würden sich sehr freuen, mich zu sehen, denn Mr. Jervis war ein besonderer Freund von ihnen. Und ist er nicht auch ein besonderer Freund von *dir* ? Ich fragte so deutlich, wie ich konnte. Und sie sah mir direkt ins Gesicht und sagte „ *Ja* .“ Um es kurz zu machen: Ich habe bei den Brandes übernachtet und war von meinem Besuch begeistert. Ich weiß jetzt, was die Leute meinen, wenn sie von indischer Gastfreundschaft und indischen Freunden sprechen. Ich glaube, dass ich dem Land immer mehr verbunden werde!“

„Dann bleibst du besser hier draußen, Onkel Dan, und lebst bei mir.“

„Ein Fall von Mahomet und dem Berg, was? Nein, nein, mein Junge; Ich möchte dich nach Hause holen. Ich kann dich nicht entbehren. In meinem Alter ist es unmöglich, neue Wurzeln zu schlagen."

„Und was ist mit Miss Gordon?" drängte sein Zuhörer ungeduldig.

„Ehre, meinst du? Sie war charmant. Vielleicht wollte sie meinen armen, dummen alten Kopf verdrehen, und es gelang ihr. Sie spielte Geige – *das* beruhigte mich. Gestern Morgen, bevor ich ging, gingen sie und ich ziemlich früh im Garten spazieren, und sie suchte mir ein Knopfloch aus; und ich sagte: „Ich gehe jetzt zu meinem Jungen." Schenkst du mir eine Blume für ihn und hast du eine Nachricht?' Eine ganze Minute lang gab sie keine Antwort; Um sie zu beruhigen, sagte ich: „Ich weiß alles darüber, meine Liebe." Ich war wütend bei dem Gedanken, dass er mich verlassen könnte; aber was war das für ein Gefühl, *dich zu verlassen* !' „Er hat getan, was richtig war", sagte sie und feuerte ab wie eine Rakete. Als wir wieder Frieden geschlossen hatten, wählte sie mit größter Sorgfalt eine Blume aus und sagte mit einem Gesicht so rot wie die Rose: „Das darfst du ihm geben, mit meiner Liebe." „Sicherlich", sagte ich; „Aber die Beförderung muss im Voraus bezahlt werden." Zuerst verstand sie es nicht. "

„Und ich muss gestehen, dass ich genauso auf See bin", gab sein Begleiter zu.

„Na, du junger Esel, natürlich habe ich sie dazu gebracht, mir einen Kuss zu geben."

„Das ist mehr, als sie mir jemals gegeben hat. Onkel Dan, du bist ein außerordentlich fähiger Mann. Kein Wunder, dass Sie ein großes Vermögen gemacht haben! Du hast mir nichts als gute Nachrichten gebracht – mir schwirrt der Kopf – ich kann kaum alles auf einmal begreifen."

„Nun, mein lieber Junge, ich bin froh darüber. Denn es scheint mir, dass Sie und die gute Nachricht schon seit vielen langen Tagen fremd sind! Und jetzt nehmen wir an, wir gehen hinein und finden heraus, ob Ihr Vater wach ist?"

KAPITEL XLV.
NUR HERR. JERVIS.

„Ich habe noch nie bei jemandem eine solche Veränderung gesehen!" «, stockte Mr. Pollitt mit einiger Rührung, als er Mark aus dem Zimmer seines Vaters folgte. „Er ist Jahre jünger als ich und so abgemagert und geschrumpft, dass er mindestens wie siebzig aussieht. Armer Kerl! Er war zuerst in einem verzweifelten Zustand, als er dachte, ich wäre gekommen, um dich zu entführen. Ich freue mich, dass Sie ihn so vollständig beruhigt haben. Nun, solange er hier ist, wird er dich haben. Ich verstehe die Sache jetzt; Ich habe es mit eigenen Augen gesehen, und ein Blick ist mehr wert als eine Menge Buchstaben."

Mr. Pollitt war von seinen jetzigen Räumlichkeiten, dem großen weitläufigen Haus, seinen Gärten, seiner Lage und seinen urigen Möbeln entzückt. Die Einsamkeit und Stille waren eine außerordentliche Erfrischung für den kleinen, von der Welt abgenutzten Cockney, nach dem Lärm des Londoner Verkehrs, dem Dröhnen der Motoren und dem Rumpeln der Eisenbahnwaggons.

Zu Ehren des Neuankömmlings schickte die Khansamah ein bemerkenswert gut zubereitetes Abendessen, keineswegs ein *Dschungelmenü* . Es gab ausgezeichnete Suppe, frischen Fisch aus einem Bergtal (einem See), *Vorspeisen* , ein paar Rebhühner, Süßigkeiten, gelbe Sahne, Obst und schwarzen Kaffee. Der Rotwein war eine noch weitere angenehme Überraschung; Es war von einem Kenner angelegt und direkt aus Bordeaux *über* Pondicherry importiert worden. Aber die größte Überraschung überhaupt war der Gastgeber selbst. Mit warmem Herzen durch guten alten Wein und die Anwesenheit eines guten alten Freundes erwachte Major Jervis wieder zu dem, was er einmal gewesen war. Er sprach schlüssig und sogar brillant; Er lachte und scherzte und lauschte mit ungekünstelter Freude der Geschichte von Mr. Pollitts Reise und seinen *Abenteuern unterwegs* . Seine Augen leuchteten mit etwas von ihrem alten Feuer; die Linien und Fältchen schienen aus seinem Gesicht zu verschwinden; Seine Stimme war die eines Mannes, der sich bei einer Parade noch Gehör verschaffen konnte. Mr. Pollitt blickte und lauschte voller Erstaunen; Er war fasziniert und atemlos von den Chroniken über haarsträubende Fluchten, Tigerjagden und Elefantenfänge; durch Geschichten über östlichen Aberglauben, über glückliche und unglückliche Pferde, Orte und Menschen, Geschichten über das Leben der Einheimischen; von einem englischen Adligen, der auf einem Basar lebte und sein Brot mit der Reparatur von Karren und Ekkas verdiente ; von einem jungen Offizier aus guter Familie und Vermögen, der wegen eines einheimischen Mädchens den Kopf verloren hatte, sein Land, seinen Beruf und seine Religion aufgegeben hatte und ihr Volk adoptiert und seinen

Glauben angenommen hatte; wie seine wohlhabenden englischen Verwandten ihn vergeblich gebeten hatten, zu ihnen zurückzukehren; wie sie herausgekommen waren, um ihn zu suchen – wie sie gestritten und angefleht und ihn schließlich dazu gebracht hatten, seine Gefährten im Stich zu lassen; und wie sie ihn verloren hatten, bevor sie Bombay erreichten – er war, unfähig, den Zauber der Sirene zu brechen, zu seinen alten Lieblingsplätzen zurückgeflohen. Er erzählte von aussätzigen Engländern, die in trauriger Einsamkeit zwischen den Hügeln lebten, unbekannt und namenlos; von Hexenverbrennungen, von Teufelsanbetung, schwarzer Magie und Menschenopfern. Die aufregendsten und außergewöhnlichsten Dinge seiner Vergangenheit wurden als Schriftrolle ausgerollt und in lebendiger und eindringlicher Sprache zusammengefasst.

Wer war es, der sie in ihren Bann zog? dachten seine Zuhörer. Nicht das zerschmetterte Wrack des Vormittags, sondern der Soldat, der viel im Einsatz war, der den Puls der Ereignisse gespürt hatte, der Indien mit seinen Augen und Ohren aufgenommen hatte – das *echte* Indien, während eines fünfunddreißigjährigen Aufenthaltes in diesem geheimnisvollen, berauschendes, wunderschönes Land! Von Grenzgefechten, die aus den Zeitungen herausgehalten wurden, von freundschaftlichem Austausch zwischen Feinden auf dem Feld, von mysteriösem Verschwindenlassen, von Männern, die ihr Leben für ihr Land gegeben hatten – Helden, die dem Ruhm unbekannt waren, deren Taten in keiner Zeile der Druckschrift verzeichnet waren, deren flache Gräber von verrottenden Kreuzen an der trostlosen afghanischen Grenze markiert waren.

Major Jervis begeisterte sein Publikum; Sogar Marks Aufmerksamkeit wanderte *selten* zu einem Kuli, der gerade im Licht der kalten, scharfen Sterne durch die bewaldeten Hügel rannte, mit einem an „Miss Gordon" adressierten Brief im Lendenschurz.

Es war ein Uhr, als sich die Gruppe auflöste; und als Major Jervis seinem Schwager mit einem herzlichen Gute-Nacht-Gruß auf die Schulter klopfte, fügte er hinzu:

„Wer weiß, Pollitt, außer dass mich deine Beredsamkeit vielleicht doch überredet, mit dir nach Hause zu gehen?"

„Mein Vater ist sehr krank", sagte Mark, als er am nächsten Morgen um acht Uhr das Zimmer seines Onkels betrat. „Er will dich sehen. Ich bin seit sechs Uhr bei ihm; und, Onkel Dan, ich fürchte, das ist das Ende."

Ja, daran bestand kein Zweifel, dachte Mr. Pollitt; Der Tod war sicherlich auf dem Gesicht geschrieben, das ihm zugewandt war. Letzte Nacht war das letzte Aufflackern gewesen, bevor die Flamme des Lebens erloschen war.

Der Invalide saß auf einem Stuhl neben einem Fenster und blickte auf den Schnee; aber sein Gesicht war gespenstisch, sein Atem ging schwer .

„Ich bin froh, dass du hier bist, Dan; Ich bin froh, dass wir uns noch einmal getroffen haben." Und er machte eine Bewegung, als würde er seine abgemagerte, hilflos wirkende Hand hinreichen. „Sie und Mark wollten, dass ich nach Hause gehe", murmelten die grauen Lippen; „Und ich gehe – früher als du gedacht hast." Er richtete seine trüben Augen fest auf seinen Sohn. „Gott segne dich, Mark", flüsterte er fast unartikuliert. Dies waren seine letzten Worte.

Als Mr. Burgess eine Stunde später eintraf, war er tot.

„Gestorben an einem Versagen der Herztätigkeit, hervorgerufen durch eine überwältigende Erregung;" aber soweit er es beurteilen konnte, „hätte er unter keinen Umständen eine Woche überleben können." So lautete das Urteil des Missionars.

„Ah, Sahib!" rief Mahomed mit erhobenen Händen und Augen, „ich wusste, wie es sein würde; Da war die Warnung, die nie versagende Warnung gestern Abend um zwölf Uhr – *die Stimme* .

„Was meinst du, Jan Mahomed?" Jervis kam schnell zurück.

„Die Stimme eines Fremden, Sahib, der im Hof schreit. Er rief nach seinem Pferd. Er war auf einer langen Reise. Sicherlich kennt der Beschützer der Armen die Wahrheit darüber? So ist es immer vor dem Tod eines Menschen: Es gibt einen laut ausgesprochenen Befehl: „Gorah tiar hye !" („Bring mein Pferd!")

Major Jervis wurde am nächsten Morgen auf dem Kantonsfriedhof beigesetzt. Herr Burgess las die Trauerfeier. Mark, Mr. Pollitt und ein oder zwei Nachbarn versammelten sich um das Grab, während in der Ferne Diener, Kulis und viele Kranke und Arme und Aussätzige standen, denen der „liebe Bruder", der jetzt beigesetzt wurde, ein Freund gewesen war freundlicher und großzügiger Freund.

Als Antwort auf ein Telegramm traf Fernandez voller Freude, Aufregung und Wichtigkeit ein. Er konnte die Gesichter der beiden Engländer nicht verstehen. Es war, wie er offen sagte, eine glückliche Befreiung. Er hatte Freude an Organisation, Veränderung und Aufregung und traf alle Arrangements mit Eifer. Er schien überall gleichzeitig zu sein. Er redete, stolzierte, gestikulierte und sorgte für so viel Aufsehen, dass es schien, als wären zehn Männer zur Gruppe hinzugekommen.

„Das Haus und das Land gehören Mark“, erklärte er Herrn Pollitt; „Nicht viel wert“, zuckte mit den Schultern. „Alles andere kommt zu *mir* – alle Juwelen. Ich wünschte, ich könnte dir die in der Bank zeigen“, und seine Augen glitzerten, als er daran dachte. „Aber wir werden rausholen, was hier ist, und Sie einen Blick auf sie werfen lassen, denn sie sind einheimisch und sehr neugierig.“

Dementsprechend wurde ein großer Safe aufgeschlossen, der Inhalt herausgeholt und auf einen purpurrot gedeckten Tisch geschüttet, ja gehäuft, wo er zur Geltung kam.

Mr. Pollitt setzte sich bewusst hin, um zu untersuchen, was offenbar eine riesige Geldmenge darstellte, die so in Gold und Edelsteinen versunken war. Es gab Aigrettes aus Diamanten, die Juwelen waren matt und schlecht geschliffen, aber von außergewöhnlich großer Größe. Es gab Vasen und Kästen aus Gold und weißer und grüner Jade mit eingelegten Rubinen. Khas-Dans oder Betelboxen; Gläser für Otto aus Rosen; Halbmondornamente für den Turban, besetzt mit Smaragden und Diamanten; goldene Fußkettchen, deren Enden aus Elefantenköpfen bestehen; Stirnschmuck, besetzt mit tollen Perlen mit hängenden Tropfen; Federn oder Turahs für Turbane, mit Ketten aus Diamanten; Armbänder, Armreifen, Ringe für Nase oder Ohr, Rückenkratzer aus Gold und Elfenbein, prächtige Perlenketten und viele riesige, nicht gefasste Smaragde und Rubine. Es waren die Sammlungen und Vorräte von Generationen, die nun durch die dicke und ruhelose Hand von Fernandez Cardozo in alle Winde zerstreut werden sollten.

„Ich möchte dir etwas geben, Mark“, sagte er und drehte beim Sprechen achtlos Stapel von Gold und Edelsteinen um. „Willst du ein Geschenk von mir annehmen, mein Guter?“

„ Natürlich wird er das tun“, sagte der kleine Londoner mit sachlicher Schnelligkeit.

„Du hast mit mir Witze über das Tragen einer – einer – Halskette gemacht, eh, erinnerst du dich, als ich dir ein bestimmtes kleines Schmuckstück gezeigt habe ?“ Fernandez schien bei Bewusstsein zu sein und glaubte tatsächlich, dass er errötete. „Nun, ich werde *Ihnen* eines präsentieren! Schau dir das an!" Er hielt eine Kette aus großen Smaragden vor sich, die durchbohrt und an einer seidenen Schnur liefen und mit einer goldenen Quaste befestigt waren. „Das ist für deine zukünftige Braut, Mark, mein Junge.“

„Woher wussten Sie von ihr?“ musterte ihn ernst.

„Ho, ho, ho! Kein schlechter Schuss, wie ich sehe! Ein waghalsig gespannter Bogen! Dann gibt es so eine junge Dame?“

„Ja", stimmte Herr Pollitt zu, „und eine sehr hübsche junge Dame; *Da* können Sie sich auf mein Wort verlassen !"

"Wie ist sie?" drehte sich mit funkelnden Augen zu Mark. „Hell oder dunkel?"

„Du wirst sie eines Tages sehen , Fernandez. Du musst zu unserer Hochzeit kommen."

„Ich werde sehr glücklich sein; aber, mein Lieber, beschreiben *Sie doch* ihr Aussehen. Ich bin so ein Frauenheld, wissen Sie, so ein Bewunderer der Schönheit."

„Oh, sie ist groß, einen Kopf über dir, Cardozo", sagte Herr Pollitt, „und hat dunkles Haar, dunkelgraue Augen und eine sehr zarte Farbe , das Aussehen einer Prinzessin."

"Ah! dann soll sie diese Perlen statt der Smaragde haben!" rief Fernandez begeistert, steckte seine dicken Finger in die Seile des ersteren und hielt sie zur Inspektion hoch. Vier Reihen großer Perlen, befestigt mit einem urigen alten Verschluss, und eine kleine Quaste aus Rubinen.

„Sie sind viel zu wertvoll – es ist ein viel zu schönes Geschenk", wandte Mark ein und hielt sich instinktiv zurück.

„Für ein hübsches Mädchen ist nichts zu schön! Und was den Wert angeht: Die Smaragde sind ihnen überlegen, auch wenn sie wie viele Kugeln aus grünem Glas aussehen! Wenn Sie sie in ihrem Namen ablehnen, versichere ich Ihnen, dass ich ziemlich beleidigt sein werde; und sicherlich ist es nur gerecht, dass die Tochter des Majors unter all den Juwelen der Königin ein kleines Geschenk bekommt."

„Ich nenne das kein kleines Geschenk, Fernandez, und ich bin Ihnen sehr dankbar; aber ich werde es zu Miss Gordon bringen, und sie wird sich später persönlich bei Ihnen bedanken."

„Sie sind großartig!" rief Herr Pollitt begeistert aus. „Ich werde ihr Diamanten schenken – als Gegenstück."

So unpassend das Paar auch war, Mr. Pollitt und Mr. Cardozo verstanden sich überraschend gut. Fernandez' flotte Art, seine orientalischen Ideen und seine ornamentale Sprache interessierten den nüchternen, sachlichen kleinen Engländer. Sie gingen spazieren, rauchten und diskutierten lautstark miteinander, während Mark davonritt, um ein bestimmtes neu errichtetes Grab zu besuchen und sich von der persischen Dame zu verabschieden.

„Ah, mein Freund, ich habe auf dich gewartet", sagte sie und erhob sich vom Chabootra , dem Musikpavillon. „Ich dachte, du würdest sicherlich kommen, um Abschied zu nehmen. Natürlich gehst du weg?"

"Ja. Ich gehe sofort weg."

„Und du wirst sie – jetzt – heiraten und deinen Herzenswunsch erfüllen?"

"Ich hoffe es. Und ich bin gekommen, um Ihnen anzubieten, was Ihr Ziel erfüllen kann!"

Sie starrte ihn mit einer fast grimmigen, fragenden Miene an.

„Es ist das Gelbe Haus. Wirst du es ein Leben lang akzeptieren? Sie sagten, Sie wünschten sich einen großen Bungalow in zentraler Lage – und da sind Sie!"

„Das Gelbe Haus! Oh, es ist zu viel. Nein, ich konnte es nicht ertragen, nicht einmal für meine Armen. Nein nein Nein!" und sie schüttelte entschieden den Kopf.

"Warum nicht?" er argumentierte; „Es liegt an mir, damit zu tun, was ich will; Und es gibt nichts, was mir größere Freude bereiten würde, als das Gefühl zu haben, dass es in Ihren Händen liegt – und die Möglichkeit, Gutes zu tun –, anstatt verschlossen und leer dazustehen und in Trümmer zu fallen. Es gibt einen Garten, in dem die Patienten spazieren gehen können, einen Weideplatz für Kühe und große Räume für die Krankenstationen. Ich werde dankenswerterweise einen Apotheker und einen Assistenten sowie alles Notwendige bezahlen."

„Sie möchten in dieser Gegend eine Art Bergkrankenhaus für die Armen errichten?" fragte der Perser ungläubig.

"Nein; das hast du schon gemacht. Ich bitte nur um Erlaubnis, Ihnen helfen zu dürfen. Wenn Sie die Pela Kothi nicht von mir annehmen wollen, nehmen Sie sie – von uns beiden – oder von Honor. Du wirst sie nicht abweisen!"

„Und werde ich dich nie wieder sehen – oder sie?" sie geriet ins Stocken.

"Wer kann das schon sagen? Vielleicht kommen wir eines Tages zu Ihnen. Auf jeden Fall wird sie Ihnen schreiben."

„Aber wie kann sie mir schreiben – einer – einer – Perserin?" Er sah ihn mit einer Intensität an, die beim Nachdenken nicht angenehm war.

„Wenigstens werde *ich* dir schreiben", erwiderte er leicht beunruhigt. „Ich werde Ihnen einen bestimmten jährlichen Betrag schicken, den Sie für die elenden Aussätzigen ausgeben können, und zwar in jeder wohltätigen Form, die Ihnen am besten erscheint. Mr. Burgess wird meine Briefe für Sie übersetzen und auch alle Antworten, die Sie mir vielleicht schicken könnten. Wir möchten Sie nicht aus den Augen verlieren, wenn es uns möglich ist."

" *Wir!* Wie schnell hast du gelernt, es zu sagen! Du bist so glücklich, wo du bisher großes Elend erlebt hast, und die arme einheimische Frau wird bald aus deinem Gedächtnis verschwunden sein. Du bist freigelassen. Ich werde niemals freigelassen werden – außer durch den Tod. Sie werden in einer anderen Welt sein – Sie und die Miss Sahib! Gibst du ihr das von mir? Es ist ein kleiner Charme. Nein, lache nicht. Was bin ich anderes als ein unwissender, abergläubischer Eingeborener? Trotzdem meine ich es gut. Dies ist ein Amulett gegen Krankheit, Armut oder den Verlust von Freunden; Eine alte Bergfrau hat es mir geschenkt. Sie sagte, es sei nie gescheitert. Ich habe keine Freunde zu verlieren, aber Armut und Krankheit sind mir fremd."

„Ich werde es ihr morgen geben", indem sie einen glatten dunkelgrünen Stein von der Größe einer Haselnuss aus ihrer Hand nahm. „Da wir keine Freunde haben, dürfen Miss Gordon und ich uns nicht Ihre Freunde nennen?"

„Wie können eine englische Dame und ein englischer Sahib die Freunde einer Frau meines Volkes sein?" fragte sie mit einem Gesicht so ausdruckslos wie eine Maske.

„Es soll sein, wie du willst", antwortete er ernst. „Aber ich sehe nichts, was zwischen uns stehen könnte. Denken Sie daran, dass wir Ihre Freunde sein möchten, wenn Sie uns haben. Und jetzt fürchte ich, dass ich gehen muss."

Er sah, wie ihre Lippen zitterten, als sie plötzlich ihr Gesicht abwandte und ihn mit einer schnellen, herrischen Geste entließ.

Bevor er das Tal verließ, blickte er noch einmal zurück. Der Perser stand genau dort, wo er sie zurückgelassen hatte. Als Antwort auf sein Abschiedszeichen schwenkte sie ein Taschentuch – und verriet sich damit unfreiwillig. Es war die Tat einer Engländerin!

Herr Pollitt zögerte tatsächlich, dieses Leben in pastoraler Einfachheit aufzugeben. Der duftende Garten, die klare, belebende Luft, die robusten, einfachen Bergbewohner, die Aussicht auf Hügel und Ebenen, die in einen blauen oder violetten Dunst getaucht waren, schienen ihn festzuhalten. Er und Fernandez einigten sich darauf, gemütlich und bequem gemeinsam zu reisen. aber Mark wollte und konnte nicht warten. Er war verliebt. Wo Liebe existiert, ist sie das Einzige im Leben – alles andere ist nichts. Er legte einen Tag seiner drei Ponys auf die Straße und galoppierte eines frühen Nachmittags mit zwei Hochzeitsgeschenken in der Tasche nach Shirani.

Vielleicht waren die grauen und braunen Ponys genauso darauf bedacht wie ihr Reiter, zu ihren früheren Lieblingsplätzen zurückzukehren; Auf jeden Fall wurden die vierzig Meilen, die zwischen Pela Kothi und Rookwood lagen, in einem Tempo zurückgelegt, das noch nie zuvor erreicht wurde, und als Ergebnis dieser schnellen Reise kam Mark Jervis eine beträchtliche Zeit früher an, als er erwartet wurde. An diesem Abend hatte Lady Brande eine Dinnerparty veranstaltet, eine ihrer erhabensten „Burrakhanas " . Die Leute hatten den Tisch verlassen und versammelten sich im Salon, wo allgemein festgestellt wurde, dass Miss Gordon strahlend gut aussah. Ja, sie hatte ihr Aussehen vollständig wiedererlangt. Vor ein paar Monaten war es ihr ganz schrecklich ergangen; Aber diese seltsame, vertuschte Liebesaffäre hatte völlig ausgereicht, um ihr Gesicht erbleichen zu lassen und ihr Fleisch zu verkümmern. Jemand saß am Klavier und sang ein eindringliches italienisches Liebeslied, als sich herausstellte, dass ein überaus verspäteter Gast ankommen würde. Draußen blitzte eine Laterne auf, das Stampfen von Ponyhufen und der Klang einer männlichen Stimme ließen Honors Herz höher schlagen.

Sir Pelham entfernte sich für einen Moment, kehrte dann zurück und warf seiner Frau einen vielsagenden Blick zu.

Sie stand sofort auf, eilte aus dem Zimmer und wurde durch die offene Veranda gesehen, wie sie sich angeregt mit einem jungen Burschen in Reitkleidung unterhielt. Die Etikette verbot Honor — der am meisten Besorgten —, sich zu bewegen. Anstand fesselte ihre Hände und Füße.

„Ich hoffe, Sie entschuldigen mich", keuchte Lady Brande, kam etwas atemlos zurück und wandte sich mit einer Stimme zwischen Lachen und Weinen an ihre Gäste. „Er erklärt, dass er nicht in der Lage ist, zu erscheinen. Er ist gerade zurückgekommen . – Es ist nur Mr. Jervis!"

KAPITEL XLVI.
EINE HOCHZEIT MIT ZWEI KUCHEN.

Das Folgende ist ein Auszug aus einem Brief einer Dame in Shirani an ihre liebste Freundin in der Ebene:

„Es ist wahr, dass du die schreckliche Reise hinter dir hast, all das Packen, das Absteigen von Karren, das Bezahlen von Abschiedsbesuchen und hässliche kleine Rechnungen, und dass du dich in den Winterquartieren auf der Ebene niedergelassen hast – all dieses Elend liegt vor mir. Dennoch denke ich, dass Sie Ihr Winterquartier vorzeitig bezogen haben. Der Oktober ist mein Monat in den Bergen, die Luft ist so frisch und klar, dass man kilometerweit sehen kann, die Herbsttöne sind exquisit und das Tiefland scheint in einen Schleier aus den erlesensten Kobalt- und Amethysttönen gehüllt zu sein.

„Außerdem war ich wegen *der* Hochzeit hier. Sie möchten natürlich alles darüber wissen, und ich werde tun, was ich tun würde, und ganz am Anfang beginnen. Als der junge Jervis unerwartet zurückkam, war jeder ganz gemein erstaunt; Die Erklärung für seine Abwesenheit war ganz einfach, und er brachte in seinem Gefolge seinen Onkel mit – den reichen Mann – den echten, wahren und einzigen Millionär! Und natürlich blieben sie in Rookwood, und Miss Gordons Verlobung wurde sofort aufgelöst – ich muss sagen, das Paar sah herrlich glücklich aus. Ich traf sie immer beim Reiten auf den Kiefernstraßen, sie kamen auch in den Club und zum Tennis und benahmen sich tatsächlich wie vernünftige Menschen und weitaus weniger wie Liebende (in der Öffentlichkeit) als andere Paare, die nicht verlobt waren. Lady Brande war einfach nur ein breites Lächeln, wenn man sie sah, und tatsächlich strahlten sie und der verwelkte kleine Millionär absurd. Er war von allem, was er sah, begeistert. (Ein völliger Gegensatz zu einigen unserer Besucher von zu Hause.) Unter anderem scheint er besonders zufrieden mit seiner zukünftigen Nichte zu sein; Mir ist aufgefallen, dass sie ständig zusammen waren – tatsächlich glaube ich, dass er sie mehr monopolisiert hat, als es fair war. Lady Brande und der Neffe waren schon immer *ein Fremder* ! Zuerst gab es ein schreckliches Gerücht , dass die Hochzeit aufgrund eines kürzlichen Kummers in der Familie des Bräutigams – dem Tod seines Vaters – sehr ruhig ablaufen sollte und die Braut in ihrem Habit heiraten und die Kirche verlassen sollte. Aber schließlich wurde ein Kompromiss geschlossen – unter Berücksichtigung der Wünsche von Lady Brande. Es sollte keine Band, kein großes Frühstück, keine Aufregung geben – aus Rücksicht auf die Wünsche des jungen Mannes; aber die Braut sollte ein orthodoxes weißes Kleid tragen, und jeder , der Lust hatte, konnte in die Kirche kommen und ihrer Hochzeit beiwohnen und sich anschließend nach Rookwood begeben, um Kuchen und Champagner zu genießen. Unnötig zu erwähnen, dass sich alle über die Teilnahme an der einzigen Hochzeit der Saison gefreut haben, einer Hochzeit, die einen Hauch von Romantik ausstrahlte und mit Sicherheit eine Liebesheirat war. Die Geschenke waren eigentlich Zeichen des guten Willens, wurden nicht zur Schau gestellt und waren „zahlreich und teuer", wie es in den Zeitungen heißt; Das Schönste war meiner Meinung nach eine prächtige Halskette aus Perlenreihen, höchst malerisch. Einer der kleinsten war ein Knopfhaken von Frau Langrishe . Ich weiß nicht , *wie* sie so gemein sein kann! Ich glaube, sie drängte Lady Brande sehr darauf, ihr einige Vorbereitungen für diese andere Hochzeit abzunehmen. Und Lady B., die Seele der Gutmütigkeit, wurde gezwungen, die Hochzeitstorte zu kaufen, die nie ausgepackt wurde – sie hatte natürlich eine hervorragende von Pelitis ; aber das kaufte sie als Ergänzung, um es später zu zerschneiden und wegzuschicken.

„Sweet Primrose und Dolly Merton waren die kleinen Brautjungfern; und da ersterer darauf bestand, „einen Gentleman zum Gehen" zu haben, begleiteten Mrs. Pauls zwei hübsche Jungen in weißen Pagenanzügen das Paar kleiner Dienstmädchen. Sie bildeten das hübscheste Quartett – Dolly und Sweet in solch schicken Kleidern, wobei Sweet mit ihrem goldenen Haar wirklich wie ein junger Engel aussah. Allerdings zeigte sie noch vor dem Ende des Tages ihr wahres Gesicht . Ich wunderte mich, dass sie eingeladen wurde, in irgendeiner Form dabei zu sein, aber Miss Gordon sagte, dass Mr. Jervis dies besonders wünschte. Über Geschmäcker lässt sich nicht streiten – natürlich *kennt er* sie nicht. Ich erkläre Ihnen, dass dieses Kind in seinen weißen Seidenschuhen und Strümpfen den Gang entlang stolzierte, als würde es Kritik abweisen und als ob die ganze Kirche voller Menschen nur versammelt wäre, um Sweet Primrose zu bestaunen! Es waren mehrere Außenstehende anwesend – Freunde, die der Bräutigam mitgenommen hatte – zwei oder drei junge Pflanzer, deren Haare dringend geschnitten werden mussten, ein Missionar mit einem riesigen braunen Bart, der an der Zeremonie teilnahm, dieser lustige Mr. Cardozo, der nur Zähne zu haben schien und Diamantringe. Die Braut trug einen schönen schlichten weißen Satin und *Perlen* . Sie war ziemlich nervös; aber der Bräutigam war vollkommen gefasst. Sie sahen so triumphierend glücklich aus, als sie Arm in Arm den Gang entlangschritten. Schließlich gibt es nichts Schöneres als eine Liebesheirat!

„Wir versammelten uns in großer Zahl in Rookwood, um auf die Gesundheit des frischvermählten Paares zu trinken. Sir Pelham hielt eine großartige Rede – ordentlich, kurz und witzig. Es gab ein oder zwei inoffizielle Bemerkungen, die vielleicht aufgezeichnet wurden; Oberst Sladen sagte zum Beispiel : „Sie hat sich das ausgedacht – ein Fall von Frühaufsteher." Am ersten Tag, als sie in den Club gebracht wurde, gab ich ihr einen guten Rat: Ich sagte ihr, sie solle den Millionär im Auge behalten. Obwohl ich das falsche Ende des Stocks erwischt hatte, schien es ihr *nicht gelungen zu sein* !'

„Aber es wurde allgemein anerkannt, dass Sweet Primrose *die* Rede zu diesem Anlass hielt! Zum Glück war es ein vergleichsweise kleines Publikum. Als sie dasaß und sich mit Mandelpaste vollstopfte, verkündete sie plötzlich in ihrer schrillen kleinen Pfeife: „ *Das ist Miss Paskes Hochzeitstorte!*" ' Und Frau Langrishe , die in der Nähe saß, sah aus, als würde sie gleich in Ohnmacht fallen, und das war kein Wunder. Natürlich war es nicht Fräulein Paskes Hochzeitstorte; Aber die neugierige Elfe, die am Vortag in Rookwood gewesen war, während ihre Mutter die Geschenke untersuchte, hatte bestimmte Flüstern belauscht und, da sie ein besonderes Auge für *Kuchen hatte* , Kuchen Nummer zwei bemerkt. Frau Sladen warf sich fast auf das Kind und schaffte es, sie zum Schweigen zu bringen und ihre schreckliche Zunge zu unterdrücken; aber ich glaube, dass der Kobold tatsächlich ein feierliches Versprechen verlangte, dass sie bei der allerersten Gelegenheit eine große Probe von dem bekommen würde, was sie freundlicherweise „ *die andere* " nannte.

„Nichts von diesem Nebenspiel erklang bei der Hochzeitsgesellschaft, und schon bald waren wir alle in dem *Drang* , die Braut zu beeilen. Es gab viele Küsse, aber keine Tränen. Das glückliche Paar wurde von einem weißen Hund begleitet und fuhr (ein ziemlich neuer Aufbruch) in einem schicken Victoria los , der fast in Hausschuhen vergraben war. Wenn Hausschuhe ein Zeichen guten Gefühls sind, sind sie das beliebteste Paar, das hier jahrelang geheiratet hat. Ich glaube nicht, dass es in ganz Shirani einen einzigen alten Schuh gibt."

DAS ENDE.